FAMH
agus dàin Ghàidhlig eile

GIANT
and other Gaelic poems

le Lodaidh MacFhionghain
by Lewis MacKinnon

A co-publication of

Cape Breton University Press

and

The Centre for Cape Breton Studies

To hear recordings of a selection of these poems, visit
www.cbupress.ca/Famhair

Cape Breton University Press recognizes the support of the Province of Nova Scotia, through the Department of Tourism, Culture and Heritage and the support received for its publishing program from the Canada Council's Block Grants Program. We are pleased to work in partnership with these bodies to develop and promote our cultural resources.

NOVA SCOTIA
Tourism, Culture and Heritage

Canada Council   Conseil des Arts
for the Arts   du Canada

Cover illustration by Christine Crawford, Dartmouth, NS
Cover design by Cathy MacLean Design, Glace Bay, NS
Layout by Mike Hunter, Louisbourg, NS
Printed in Canada by Marquis Book Printing Cap-Saint-Ignace, QC

Content printed on 100% recycled postconsumer fibre, Certified EcoLogo and processed chlorine free, manufactured using biogas energy.

Library and Archives Canada Cataloguing in Publication

MacKinnon, Lewis, 1970 -

Famhair : agus dàin Ghàidhlig eile = Giant : and other Gaelic poems / Lodaidh MacFhionghain/Lewis MacKinnon.

ISBN 978-1-897009-28-4

I. Title. II. Title: Giant.
PS8625.K5554F34 2008   C891.6'314   C2008-905155-6

Cape Breton University Press
PO Box 5300
1250 Grand Lake Road
Sydney, NS B1P 6L2 CA
www.cbupress.ca

AINMEACHADH

Tha a' leabhar seo ainmichte do chuimhne Raibeart Kimball nach maireann, prionnsabal na bun-sgoil' agam. A' chiad duine a chuir unnam is romham gaol fuaim fhaclan agus a chunnaic ann am bàrdachd ioma-fhillteachd, bròn agus aighear an t-suidheachaidh dhaontachd.

DEDICATION

This book is dedicated to the memory of my elementary school principal, the late Robert Kimball. The first person to instill in me and expose me to the love of the sound of words and who saw in poetry the complexity, sorrow and joy of the human condition.

It would be expected that any ethnic group wishing to retain its language would expose the younger generation to it. But this was as often the exception as the rule. As a result, the language in Nova Scotia is uttering its dying gasps and with the exception of a few scholars, will probably be lost within a generation.

D. Campbell and R. A. MacLean
Beyond the Atlantic Roar: A Study of the Nova Scotia Scots, 1974

Thank you

I must first thank Mike Hunter, Cape Breton University Press. From the start, he believed in this project. I have greatly enjoyed working with him. I thank my very dear friend, Christine Crawford who created the Giant image artwork found on the cover of this book. For a long time, I have wanted to work on a project in partnership with her. The opportunity finally came. Her talent is self evident. A very special thank you to Catrìona Parsons for proofing the poems and writing the Foreword. Catrìona has been a friend, advisor and editor. It is she who reviewed the first poems I ever composed in the Gaelic language. It is fitting and appropriate that she be involved in this work. Sincere thanks to Professor Ken Nilsen, who also reviewed the Gaelic text and offered suggestions.

I am greatly indebted to all Gaelic speakers, living and dead of whom I have learned much, to the language learners with whom I am acquainted who inspire and challenge and befriended me, to the many mentors in my life that I have had within and outside of the Gaelic World, and to those who recorded some of the poems in this collection so that the world could hear some of the voices of Gaelic Nova Scotia. Thank you to Catrìona, Susan and Monica for reviewing the English text, to my family for their hospitality, generosity and genuine concern, to the friends who still keep an eye out for me out of care and concern. To Nova Scotia writer Trudy Fong who explained to me how a book of poetry could be published: for your spirit and all your assistance, sincere thanks.

And to my generous and thoughtful wife, Susan, who has been very patient throughout the process of writing this book - thank you.

L.M.

Taing

Feumaidh mi taing a thoirt an toiseach do Mhìcheil Mac an t-Sealgair, Clò Oilthigh Cheap Breatuinn. Bho thùs, is esan a chreid 'sa' phròiseact seo. Chòrd e rium gu mór a bhith 'g obair còmhla ris. Tha mi 'toirt taing dha mo charaid-anama Cairistiona Nic Creamhain, a rinn obair-ealain ìomhaigh an Fhamhair air 'faighinn air còmhdach a' leabhair seo. Fad ùine mhór bha mi airson pròiseact a dhèanadh ann an co-phàirteachas leatha. Thàinig an cothrom mu dheireadh thall. Tha an comas aice 'na fhollais fhéin. Taing air leth do Chatrìona Nic Ìomhair Parsons airson sgrùdadh nan dàn a dhèanadh agus a' Roi-Ràdh a sgrìobhadh. Tha Catrìona air a bhith 'na caraid, 'na neach-comhairleachaidh agus 'na té-sgrùdaidh dhomh. 'S ì a rinn a' sgrùdadh air na ciad dàin a rinn mi 'riamh 'sa' Ghàidhlig. Tha e iomchaidh agus freagarrach gu bheil i 'sàs 'san iomairt seo. Taing mhór do dh' Ollamh Coinneach Nilsen a chuir sùil air a' Ghàidhlig cuideachd agus a chuir air adhart molaidhean.

Tha mi fada an comain nan Gàidheal uile, beò is marbh, o 'n a dh' ionnsaich mi móran, nam measg: luchd-ionnsachaidh na cànain air a bheil mi eòlach a thug misneachd agus dùbhlan dhomh, agus a tha air mo ghabhail mar charaid, ioma-neach-chomhairle taobh a-staigh is taobh a-muigh an t-saòghail ghaidhealaich a th' air a bhith againn 'nam bheatha, fheadhainn a rinn reacòrdaidh dhe na dàin 'sa' chruinneachadh seo gus a chluinneadh a' saoghal beagan ghuthan Gàidhlig na h-Albann Nuaidhe, Chatrìona, Shiùsaidh agus Mhonica airson a' sgrùdaidh a rinn 'ad air a' Bheurla, mo theaghlach fhéin airson an fialaidheachd, an aoigheachd agus an cùraim an dà-rìribh, na caraidean a tha fhathast a' cumail sùl' a-mach air mo shon.

Agus dha mo bhean fhialaidh agus smaointeachail, Siùsaidh a tha air a bhith glé fhoighidneach feadh rathad-sgrìobhaidh a' leabhair seo - Tapadh leat.

L.M.

Facal bho 'n fhear-dheasachaidh
Am blas againn-fhìn ann an Albainn Nuaidh

Tha na dàin seo, air a' chiad dol a-mach 'sa' Ghàidhlig
agus chaidh an dèanadh o 'n t-sealladh sin. Faodaidh na
seòrsaichean Beurla 'fhaicinn mar mhìneachaidhean/eadar-
theangaidhean. Coltach ri cànainean eile, cha mhór nach eil
e goireasach uile gu léir gus eadar-theangachadh a dhèanadh
'sa' Ghàidhlig facal air an fhacal; mar sin tha a' seòrsa Beurla
'na amharc gus mìneachadh agus smaoin a thoirt ann an
cruth bàrdail.

Bheir leughadairean agus sgrìobhadairean Gàidhlig an
aire gu luath nach eil dòigh litreachaidh na Gàidhlig ann a'
Famhair a' gabhail gu buileach ris na dòighean-litreachaidh
a chithear an diugh ann a' Gàidhlig na h-Albann Nuaidh.
Suidhichte mar a tha 'ad ann a' cruth-tìre dùthchasail na
h-Albann Nuaidh 'sa' là an diugh, tha na dàin seo air an
dèanadh 'san dòigh-sgrìobhadh Ghàidhlig ris an robh an
t-ùghdar cleachdte bho thùs agus a tha air bhith 'na pàirt de
mhodh-labhairt litreachas Gàidhlig na mór-roinne airson
ginealaichean.

Note from the editor
The way we say it in Nova Scotia

These poems are, first and foremost, in Gaelic, and are
composed from that perspective. The English versions of the
poems can be seen as interpretations/translations. Like other
languages, it is virtually impossible to translate Gaelic word
for word; thus the English version is intended to provide
meaning and sentiment in poetic form.

Readers and writers of Gaelic will quickly be aware
that the printed word in *Famhair / Giant* varies from
more universally accepted Scottish Gaelic Orthographic
Conventions. Grounded as they are in the cultural landscape
of contemporary Nova Scotia, these poems are composed
using the spelling and punctuation that the author was
exposed to and which has been part of the Gaelic literary
expression of the province for generations.

For recordings of a selection of these poems, visit:
www.cbupress.ca/Famhair

FAMHAIR
agus dàin Ghàidhlig eile

GIANT
and other Gaelic poems

le Lodaidh MacFhionghain
by Lewis MacKinnon

Foreword

A living language is characterized in the modern age not only by being spoken, but by literary creation in it. Linguistic creativity furnishes proof that a language can embrace new concepts, new styles and new effects. The uses of language, in fact, take their place in the larger scheme of artistic creation which must be flexible, fluid, open to changing modes of thought. The 19th century brought in impressionism in art; the 20th century perfected stream-of-consciousness in the novel and the plotless, slice-of-life short story. Modern poetry threw off the perceived shackles of rhyme scheme and ordered rhythms in favour of patterns of a different kind, themselves affected by undercurrents of thought and meanings tied to moments in time.

Such revolutions occurred no less in Gaelic poetry than in other poetry of the 20th century. While the poetry of Sorley MacLean, who is regarded by many as the greatest modern Gaelic poet, remains in many ways close to his traditional roots, other Scottish Gaelic poets such as Derick Thomson and, more especially, Donald MacAulay embraced new poetic expression. Such poets were born and bred in the Gaelic cultural traditions of the Bard with his intricate rhyme schemes and syllable-based patterns of rhythm. But they were also poets of a new era and a new poetic consciousness.

When Gaels migrated to Nova Scotia in the 18th and 19th centuries, they brought with them precisely these bardic traditions. An emigrant poet who exemplifies mastery of those traditions is John (the Hunter) MacDonald from Lochaber in the Highlands of Scotland. His poem "Song to America" composed on arrival in Nova Scotia, while mournful in tone for ever leaving his native land, would have made his famous poetic kinsman Iain Lom proud, had he been still alive, for its intricate patterns of rhyme.

It is an amazing and, as yet, largely unwritten story of the tenacity of the Gaelic language in Nova Scotia that it has survived against great odds. It has not only survived but, in this new technological era, shows strong signs of renewal and capacity to flourish. Gaelic Nova Scotia is set to take its place in the wider context, not only as a partner of Gaelic Scotland but with a global perspective. If a Japanese student, for example, comes to the Gaelic College, St. Ann's, Cape Breton to learn Gaelic—or another student from Japan learns the language on-line through the Atlantic Gaelic Academy—such occurrences will become less rare.

Roi-ràdh

Chan ann a-mhàin troimh 'n a bhith 'ga bruidhinn a tha cànain a' togail fianais gu bheil i beò. An diugh gu h-àraidh feumar sealltainn dhan t-saoghal fharsaing gu 's urrainn dhan luchd-labhairt cruthachadh ùr a dhèanamh innte. Anns na linntean a chàidh b' e troimh bheul-aithris a bhiodh na Gaidheil a' foillseachadh an cuid sgeulachdan agus bàrdachd; 's tha an dualchas sin fhathast beò 'nar measg. Ach 's urrainn dhan a' Ghàidhlig a beachdan ùra fhoillseachadh ann a' modhan-sgrìobhaidh le builtean ùra cuideachd. Agus feumaidh bàird is luchd-ealain eile a bhith mothachail do chaochlaidhean, chan ann a-mhàin 'san t-saoghal mhór fhéin ach ann an dòighean ciall a chur air smuaintean a fhreagras dhan t-sluagh aig an àm. An diugh, tha a' mhór-chuid de cho-fhuaim agus ruithim riaghailteach ann am bàrdachd air a chur air chùl; ach tha a pàtarain fhéin aig a' bhàrdachd 'san nòs ùr, sìnte bho fho-shruth nan smuaintean a tha gu bhith air am foillseachadh innte.

Anns an fhicheadamh linn, ann an Albainn, chìthear buaidh an nòis ùir àir a bhàrdachd aig Somhairle Mac'Illeain, am bàrd Gàidhlig ùr-nodha as fheàrr ann am beachdan mórain, ged a tha buaidh dualchas nam bàrd ri fhaicinn gu soilleir innte cuideachd. 'S ann 'sa' bhàrdachd aig Ruairidh MacThómais, agus gu h-àraidh Domhnall MacAmhlaidh, a chì sinn an nòs ùr a' nochdadh gu brìghmhor. Ach ged a bha am freumhan an dualchas nan seann bhàrd, bhuineadh iad cuideachd dhan t-saoghal ùr 'san robh modhan bàrdail ùra air nochdadh.

Nuair a dh' imrich na Gaidheil a dh' Albainn Nuaidh anns an ochdamh 's an naoidheamh linn deug, thug iad leotha (mar a thuigeadh duine sam bith) na nòsan a bh' aca thall thairis. Nuair a rachadh duine aca gu dàin, bha e nàdarrach dhà an seann nòs a chleachdadh. Mar aon eisimplear barraichte, faodar Iain Sealgair 'ainmeachadh. Nuair a ràinig e Alba Nuadh, rinn e "Oran do dh' America" a' caoidh gun do dh' fhàg e tìr a bhreith 's eòlais, a' cur gu feum gu h-àraidh co-fhuaimnean eadar-fhighte. Nan robh e air a bhith fhathast beò, bhiodh Iain Lom, bàrd ainmeil Lochabair a bhuineadh do theaghlach Iain Sealgair, gu math moiteil ás.

'S e rud iongantach a th' ann cho leanailteach 's a tha a' Ghàidhlig air a bhith an Albainn Nuaidh an aghaidh an t-srutha mhóir. Chan ann a-mhàin gu bheil i beò fhathast, ach gu bheil saoghal ùr an teicneòlais a' toirt dhi nan cothroman ath-nuadhachadh a dhèanamh agus a' chomais a dhol air adhart bho neart gu neart. A-rèir mar a tha luchd-ionnsachaidh na Gàidhlig, chan ann a-mhàin an Albainn Nuaidh fhéin, ach ann an

At the same time, creative writing produced in Nova Scotia is bound to deal with experiences and perspectives uniquely Nova Scotian. While poetry in the modern idiom is by nature personal, anchored in a particular time and place, it must tap in to the universal human dilemma; its patterns are patterns of thought, raising questions but not always finding answers. However, unity is an indispensable attribute of such poetry: the reader must feel that the poem, brief though it may be, has a completeness of thought, a roundedness. Though it may lack the traditional attributes of rhyme and metre, it has its own rationale and pattern derived from within itself, not imposed from without. Take, for example, the brief poem *Dàn* (Destiny) in this volume. The thesis is introduced in the first five lines by the circumstance of reading "your holy book" (whose? This is left undetermined) with its profession that people have a destiny set for them before birth. Then, the antithesis comes in the final three lines: with the closing of the book, the exact location of this information is lost, symbolizing—an interpretation possible within a contemporary concept of the human dilemma—one's own dis-location.

The time is now right in Nova Scotia for the publication of a first book of Gaelic poetry in the modern idiom. This historical event indicates not only the coming-of-age of Gaelic publishing in the New World, but also symbolizes the new vitality of the Gaelic language itself in the province of Nova Scotia. It is fitting that Lewis MacKinnon should be the author of such a volume. His capacity became clear to me when he was a member of my class "Writing in Gaelic" for the Master of Celtic Studies degree. It affords me great pleasure now to introduce this book of new Gaelic poetry to the world.

Catriona NicIomhair Parsons
St. Francis Xavier University
Antigonish, Nova Scotia

dùthchannan mar Sheapan, a' faighinn eòlas troimh 'n eadar-lìn air mar a gheobhar cothroman a' Ghàidhlig 'ionnsachadh troimh mheadhon chùrsaichean stéidhichte ann an Albainn Nuaidh, 's cinnteach gur e seo eòlas a sgaoileas nas fharsainge rè ùine. 'S mar sin faodaidh Alba Nuadh a bhith mar àite-threòrachaidh do dhuine sam bith a tha airson a' Ghàidhlig 'ionnsachadh.

Buinidh sgrìobhadh cruthachail ùr dhan àite 's a bheil e agus do fhéin-fhiosrachadh an sgrìobhadair. Aig an aon àm, feumaidh cùis a dhàin buntainn do chàs a' chinne-daonna. An diugh leis cho eadar-mheasgaichte 's cho troimh-a-chéile 's a tha beatha dhaoine, faodar ceistean a chur gun dùil air móran fhreagairtean 'fhaighinn. Sin an duilgheadas a th' aig bàrd an nòis ùir. As aonais seann chrìochan cho-fhuaim agus ruithim riaghailtich, ciamar a 's urrainn dhà gréim 'fhaighinn air pàtaran a riaraicheas, agus air aonachd a ghlacadh, gun chinnt a bhith aige á 'fhreagairt? Anns an leabhar seo, tha an dàn* goirid *Dàn* 'na eisimplear math. Tha dà phàirt ann, cóig sreathan agus a trì. Anns a' chiad phàirt tha, mar gum bitheadh, cinnt ann, co dhiùbh a-rèir a' leabhair naoimh, gu bheil dàn gach duine air a chur air dòigh mas téid a bhreith. Ach anns an darna phàirt, nuair a théid an leabhar a dhùnadh, caillear an duilleag air an robh seo sgrìobhta; 's a-nis tha neo-chinnt' a' tighinn an àite cinnte. Tha an dà chuid, cinnt 's neo-chinnt', a' cothromachadh a chéile. Mar sin, tha aonachd aig an dàn ged a tha e 'gar fàgail gun fhreagairt.

Tha an t-àm ann a-nis a' chiad leabhar bàrdachd 's an nòs ùr 'fhoillseachadh ann an Albainn Nuaidh. Togaidh an tachartas seo fianais air mar a tha clò-bhualadh Gàidhlig air ìre bhrìghmhor a ruigsinn 'san t-saoghal ùr; agus gu bheil a' Ghàidhlig 'ga taisbeanadh fhéin mar chànain chan ann a-mhàin beò ach beòthail ann a' Roinn na h-Albann Nuaidhe. 'S iomchaidh gur e Lodaidh MacFhionghain ùghdar a leithid seo de leabhar. Nuair a bha e 'na bhall 'sa' chlas agam, "Sgrìobhadh 'sa' Ghàidhlig", cha b' fhada mas do dh' aithnich mi a chomas. Tha e 'na thlachd mhór dhomh a-nis an leabhar ùr bàrdachd Gàidhlig seo a chur an aithne an t-sluaigh.

Catriona NicIomhair Parsons
Oilthigh Naoimh Fhransaidh Xavier
Antigonis, Alba Nuadh

* Anns a' Ghàidhlig, tha am facal "dàn" a' ciallachadh an dà chuid "poem" agus "destiny."

FEUMAIDHEAN

ESSENTIALS

Is tusa a dh' fhalbh airson measadh fhaighinn air d' inntinn,
Agus gun aon teagamh, chan eil ise gàbhaidh fad' air falbh air
    do chùlaibh;

It's you who went to have a psychiatric assessment
And without a doubt, she's not very far behind

SURVIVAL

You survived, little calf

After your birth,
stuck,
in the shit of your dirty puddle;

In that puddle, full of piss, dirt,
cold as hell;

Wet, weak, alone,
so close to death's door you came;

And after your death cry,
you raised your head,
struggling to survive,
searching for your matron mother;

And at the time that it seemed,
you were "done like dinner",
your gentle, loving shepherd found you;

Looking on you with concern,
caring for you in a way that no one else could do,
even your mother herself;

And like a small miracle,
you challenged us,
with the victory of your life;

As you rose out of this frightful difficulty,
letting go with a kick and a jump and a bawl;

As if you were challenging us with the thought
That your essence could ever be taken from you;

A' MAIREADH BEÒ

Mhair thusa beò, a laoigh bhig,

As deoghaidh do bhreith,
a' sàs
ann am poll-buadhair do linne shalaich;

'Sa' linn' ud, làn mùin, smodail,
cho fuar ris an deamhain;

Fliuch, lag, 'nad aonar,
cho faisg air gréim a' bhàis a thàinig thu;

As deoghaidh do rànail-bàis
thog thu do cheann
a' dèanadh strì gus a' fuiricheadh tu beò,
a' lorg do mhàthar mhàthaireil

Is aig an àm a bha e 'n dùil
gu robh thu ann an taigh na cròig,
fhuair do chìobair caoimhneil, gaolach thu

Fo chùram a' coimhead ort,
a' toirt an aire dhut,
ann an dòigh
nach b' urrainn do chuideigin eil' a dhèanadh,
fiù 's do mhàthair-fhéin;

Is mar mhìorbhail bheag,
dhùbhlanaich thu sinn,
le buaidh na beatha agad;

Mar a dh' éirich thu às an éiginn eagalaich seo,
thusa leigeil air falbh le breab is leum is glaodh;

Mar gum biodh tu 'toirt dùbhlain dhan smuain,
gum b' urrainn do bhrìgh a bhith air a thoirt bhuat gu
     sìorraidh buan;

AFTERMATH

Frustrated to have reached this point in your life

You so weak, debilitated, faint, bare
and here's me reading and researching
every piece of self-help
and language planning
until I find the right path
upon which I should travel

And through all this activity
I come to the understanding
that it doesn't matter
which road that I find myself on

And the frustration that I have felt
a thousand times before
melts away

And there is nothing else left in the aftermath

But you and me
hand in hand

Accepting the loss and the frustration
and the disappointment

And putting all this stuff
to some good use

And making merry
in the ever-presence of the thing

AN IARBHAIL

Milleadh-dùil air an àm seo dhen bheatha agad a ruigsinn

Thusa cho fann, lag, lapach, lom
is mis' a' leughadh is a' rannsachadh
gach pìos de dh' fhéin-chuideachaidh
agus de dhealbhadh cànain
gus a' faigh mi a' rathad ceart
far am bu chòir dhomh siubhal

Is troimh an oidhirp seo uile
tha mi 'tighinn gu tuigse
nach eil e gu diofar
gu dé 'n rathad air a bheil mi

Is am milleadh-dùil a dh' fhairich mi
mìle triop roimhe seo
a' leaghadh air falbh

Is chan eil rud sam bith air fhàgail
'san iarbhail

Ach mi-fhìn is tu-fhéin
làmh ri làimh

A' gabhail ris a' chall is a' mhilleadh-dùil
is a' bhristeadh-dùil

Is a' cur a' stuth seo uile
gu deagh fheum

Is a' dèanadh ròic
ann an uile-làthaireachd
a' ghnothaich

THE LETTING GO

The links are broken between us now,
over time and place and thought,
and here's you all running after your new found leader like
    little puppies;

As you used to when I was the lead;

And here's him, willing, ready, full of vim for the future;

And you all...

Forgetting;

All that I tried to do for you,
the long nights,
the trips,
from one end of our region to the other;

Me in all my imperfection,
doing my best,
to defend you,
to help you;

And without a doubt
just now
I am overjoyed,
and so happy
that you did;

AN LEIGEIL AIR FALBH

Chaidh na ceanglaichean eadarainn a bhristeadh a-nist,
thar tìm is àite is smuain
is sibhse a' ruith as deoghaidh a' cheannaird ùir agaibh mar
    chuileanan

Mar bu nòs dhuibh nuair a bha mis' a' gabhail a' chinn

Is esan deònach, deiseil, làn spionnaidh air a' rathad roimhe

Is sibhse...

A' dìochuimhneachadh na h-uile
a dh' fhiach mi dhèanadh air ur son
na h-oidhcheannan fada,
na triopan
bho cheann gu ceann na roinn' againn,

Is mise 'nam neo-iomlanachd uile
a' dèanadh mo dhìcheall ur dìonadh
is ur cuideachadh

Is gun teagamh sam bith
an dràsda-fhéin
ann am fior shonas,
cho toilichte
gun do dhìochuimhnich sibh

IN A DITCH

When I went past you,
you were in a ditch
picking up bottles
and cans;

I guess that you
were collecting them,
to obtain money for
your livelihood;

And I looked at myself,
in a fancy new car,
and suit, sitting,

Driving,
Going,
Leaving,
Returning,
Arriving,
Taking off,

"You're busy" as they would say,
in our corner of the world;

But I realized how longer lasting,
were your own exploits
in that little dip beside the road;

And thought I would like to be
in that ditch with you
free, dutifully at the work;

Warmth of the sun on the skin
and a whipping wind blowing through my hair;

ANN AN DÌG

Nuair a chaidh mi seachad ort,
bha thu ann an dìg,
a' beirid air botuill
agus tionaichean;

Tha seansa gu robh thu
'gan cruinneachadh gus airgead do
thacar-fhéin 'fhaighinn

Agus chuir mi sùil orm-fhìn
ann an càr snasail, ùr
'nam dheise is 'nam shuidhe

A' draibheadh
Is a' dol
Is a' falbh
Is a' tilleadh
Is a' ruigsinn
Is a' teicheadh

"Tha thu 'nad dhrip" mar a theireadh 'ad
ann an cèarnaidh an t-saoghail againn;

Ach thuig mi cho sìor-mhaireann
's a bha do chuid ghnothaich
'sa' lag ud;

Agus smaointich mi gum bu mhiann leam
a bhith 'san dìg ud còmhla riut
saor, ris an obair gu h-umhail

Blàths na gréin' air a' chraiceann
agus soirbheas-sgiùrsaidh a' séideadh troimh m' fhalt

ONE STREET

A beggar asleep,
on hard stairs outside a church of mercy,
obvious he has no residence, home, resting place;

And out of the corner of my eye,
I saw a woman,
in a leather coat,
with furry frills around the hood,
in a placid limo,
with a bag of new shoes in her hands;

And a young man begging for money
broken hands,
scars of the knife on his face,
telling his story,
in pieces, not easily put together

And out of the corner of my eye,
I saw a woman,
in a leather coat,
with furry frills around the hood,
in a placid limo,
with a bag of new shoes in her hands;

And an inebriated women with her partner verbally abusing
      her,
food that was in her hand thrown to the ground,
the cursing and swearing of the man,
in base language, raw, wounding;

And out of the corner of my eye,
I saw a woman,
in a leather coat,
with furry frills around the hood,
in a placid limo,
with a bag of new shoes in her hands;

AON SRÀID

Dìol-deirce 'na chadal
air staidhrichean cruaidh' air taobh a-muigh eaglais 'na
    tròcair
follaiseach nach robh còmhnaidh no dachaidh no
àite-tàimh aige

Is ás oisinn na sùla agam
chunnaic mi boireannach
is còta leathair oirr'
le bian 'na ghrinneas mun cuairt a cochaill
ann an limo ciùin
le poca bhrògan ùra 'na làimh

Is fear òg a' guidhe airson airgid
làmhan briste
seimhean na sgine air 'aodann
ag ìnnse a naidheachd
ann am pìosan air an cur ri chéile gu duilich

Is ás oisinn na sùla agam
chunnaic mi boireannach
is còta leathair oirr'
le bian 'na ghrinneas mun cuairt a cochaill
ann an limo ciùin
le poca bhrògan ùra 'na làimh

Boireannach is an daorach oirre is a céile 'ga chàineadh gu
    guthmhor
biadh a bha 'na làimh air a thilgeil gu talamh
damnachadh is sgriosadh an duine
ann an chainnt shuarach, amh, chràidhteach

Is ás oisinn na sùla agam
chunnaic mi boireannach
is còta leathair oirr'
le bian 'na ghrinneas mun cuairt a cochaill
ann an limo ciùin
le poca bhrògan ùra 'na làimh

THE IGNORING

You paid no attention
to anyone
in the gym,
busy exercising,
with ear plugs from your MP3,
oblivious to the world;

You were pretty, shapely, robust,
but I would have desired your attention
for a brief moment,
demonstrating to you that you and I are human,
together in this time and place,
alone in our existence,
but not a glance came;

I wonder did you find
your own essence,
listening to that music,
in that ceaseless out of tune singing of yours;

Staring ahead,
without one look aside

CLUAS BHODHAR

Cha d' thug thu feairt
air duine sam bith
'san talla spòrs,
dripeil 'nad chleachdadh,
le cnagan-chluaise,
o 'n inneal-reacòrdaidh MP a trì agad,
seachmhallach dhan t-saoghal;

Bha thu briagha, cuimir, reachdmhor,
ach bu mhiann leam d' aire 'fhaighinn
airson mionaid bhig;
a shealltainn dhut gur mac an duine mise
agus tusa 'nad nic,
còmhla 'san àm is 'san àite seo
'nur aonar 'nur bithealas
ach cha d' thàinig fiù 's seallagan;

Saoil an d' fhuair thu gréim
air do chuid bhrìgh fhéin,
ag éisteachd ris a' cheòl ud,
'san t-seinn mhi-ghleusd' agad
gun stad,

A' spleuchdadh air adhart
gun aon sealladh gu taobh

SPLINTERS

As is fitting and appropriate,
you are renowned, famous,
in the history of our region;

You that transported a cohort of Gaels from their distress
from their ancient lands
the Highlands and Islands of Scotland
in the year 1773;

Across the vast ocean
between this new Gaelic speaking region
and the old one
that abided
and stays still
in the memory of the descendants of these first settlers

And under fear of disease, hunger, sleet and hail
you plowed a furrow to this land

And at the end of your trip,
when you arrived with your load of evicted people
a land was reached that wasn't dissimilar
to the one that had been abandoned;

And after these hundreds
thousands came and their offspring was sent and
disseminated in this area;

But as fitting and appropriate as your renown is
the tall tales that have been created
from the wake of your arrival
are like old splinters from your boat
pounded far into the ground
where you made anchor;

And it can be said that it is damn hard
to pull them out without drawing blood

SMUAISEAN

Mar is iomchaidh is freagarrach,
tha thusa cliùiteach, ainmeil
ann an eachdraidh na cèarnaidh againn;

Thus' a thug buidheann de Ghàidheil ás an éiginn
o na seann fhearainn a bh' aca
Eileanan is Gàidhealtachd na h-Albann
'sa' bhliadhna 1773;

Thar a' chuain mhóir
eadar a' Ghàidhealtachd ùr seo
is an t-seann té
a dh' fhuirich is a tha fhathast
a' fuireachd ann an cuimhne
is bruadalan sliochd nan ciad eilthireach seo;

Is fo eagal galair, acrais, flinne is chlachan-mheallain
threabhaich thu clais dhan tìr seo,

Is aig ceann na sgrìob agaibh,
nuair a ràinig thu le do chuid lòid de dhaoine fuadaichte,
chaidh tìr 'ruigsinn nach robh eu-coltach
ris an té a chaidh a dhìobradh;

Agus as deoghaidh nan ciadan seo
thàinig mìltean agus chuireadh agus sgapadh
an sìol 'sa' chèarnaidh seo;

Ach cho iomchaidh is freagarrach
's a tha do chliù
tha na fionnsgeòil a chaidh a dhèanadh
ás uisge-stiùireach do ruigheachd
coltach ri seann smuaisean ás a' bhàt' agad
a chaidh a sgabaisteachadh gu domhainn dhan fhearann seo
far an d' rinn thu cruaidh;

Is faodar a ràdh gur ann diabhalta duilich a tha e
a bhith 'gan tarruing a-mach gun fhuil a tharruing

LEGACY

How are saints made?

It is common knowledge
that practices are performed
far away
in the magnificence of the Vatican
in Rome;

But in humanity's eyes,
how are saints made?

How is a legacy determined?

Things left behind for us?

Songs,
Letters,
Books,
Famous utterances,
Plays,
Arts,
Inventions

But what about
pieces of the heart and passion
that cannot be touched?

Like the great heart of Stan Rogers,
that's pouring out just now
from the words of his song
that they are playing on the radio

DÌLEAB

Ciamar a théid naomhan a dhèanadh?

Tha fhios gu bheil cleachdaidhean
air an dèanadh
fada bhuainn
ann am mórachd a' Bhatican
'sa' Roimhidh;

Ach ann an sùilean dhaoine
ciamar a théid naomhan a dhèanadh?

Ciamar a théid dìleab a shònrachadh?

Rudan a chaidh am fàgail againn?

Òrain,
Litrichean,
Leabhraichean,
Aithrisean cliùiteach,
Dealbhan-cluiche,
Ealain,
Tionnsgnaidhean,

Ach dé mu dhéidhinn
pìosan a' chridh' agus aineas
nach rachadh am buntainn?

Coltach ri cridhe mór Stan Mac Ruairidh
a tha an dràsda a' dòrtadh a-mach
ás na faclan 'san òran aige
a tha 'ad a' cluich air a' reidio

TO BIRGITTA HALLDÓRSDÓTTIR

Although I never met you,
I thought of you today,
in that great valley,
hidden,
in your corner of the world,
in Iceland,
unknown to us,
in Blöndudalar
on a lonely farmstead
amidst the cattle;

With your two children,

Happy;

With a smile on your face,

Beautiful, blond like the look of the women of your people;

Composing and writing your mystery stories
in this remote edge of the world;

And ruminating on all this
I was moved
by the emotion of your life's story
simple yet complex
in the serenity of your valley
far from Reykjavik
and the allure of the city
in the cold mountains
where you make your art;

And I considered what you said
about your craft and life experiences;

"You can do anything you want
and make all the time you need.
As long as you are happy with your lot."

And though I have never read one of your books,
since I don't know the Icelandic language,
I came to the conclusion that this is the best short thriller
you have ever written

DO BHIRGITTA HALLDÓRSDÓTTIR

Ged nach do thachair mi ort a-riamh,
smaointich mi ort an diugh
'sa' ghleann mhór ud
air 'fhalach
'sa' chèarnaidh agad
ann an Innis Tìle
neo-aithnichte dhuinn,
am Blöndudalar
air baile-fearainn aonaranach
am measg nam bó

Is le do dhithist chloinneadh,

Toilichte;

Is gàire air d' aodann

Briagha, bàn-bhuidhe coltas mhnathan do mhuinntir ort

A' dèanadh suas is a' sgrìobhadh do chuid naidheachdan dìomhair
'san àite seo air iomall an t-saoghail

Is a' meòmhrachadh air a' seo uile
chaidh mo ghluasad
le faireachdainn cuid brath do bheatha
sìmplidh ach ioma-fhillte
ann a' sàmhachas a' ghlinn agad
fada bho Reykjavik is
tarruing a' bhaile mhóir
'sna beanntaichean fuara
far a théid d' ealain a dhèanadh;

Agus bheachdàich mi air na thuirt thu
air do cheàrd agus féin-fhiosrachaidhean do bheatha;

"'S urrainn dhut rud sam bith a tha bhuat a dhèanadh agus
bidh an ùine uil' a tha a dhìth ort agad.
Fhad 's a tha thu toilichte le do chuid roinn."

Agus ged nach do leugh mi aon dhe na leabhraichean agad a-riamh
a chionn 's nach eil Innis Tìlis agam
thàinig mi dhan cho-dhùnadh gura b' e seo
an naidheachd dhìomhair ghoirid a b' fhèarr
a sgrìobh thu 'riamh

SUPER MAN

News came that you died yesterday,
Difficult to believe that you went across;

Once on TV, powerful, able, entertaining and comforting us
Now like a piece of dust in the vast universe you once ruled;

You who would stop the criminal element,
Flying about like an eagle
Controlling both sky and land;

You that gave us courage and hope;

Do you suppose that there will be kryptonite or phone booths
    in the other world,
Or maidens to fall in love with you,
Or thieves, thugs and traitors,
Set to deceive you;

And since you went away from us,
We feel lonely without you,
But your name always comes to our lips in times of distress...

O Super Man, O Super Man

DUIN' ANABARRACH

Thàinig naidheachd gun do chaochail thu an dé,
Doirbh a chreidsinn gun deach thu thairis;

Uair air an TBH, neartmhor, foigheanach, a' toirt dhuinn
    spòrs is sochair
A-nist mar phios smùir 'sa' chruinne-ché uair a riaghlaich
    thu;

Thusa a bhiodh a' cur stad air luchd-droch-bheusan
'Sgiathadh mun cuairt mar iolair,
'Cumail smachd air a' speur is an talamh;

Bu tusa a thug misneachd is dòchas dhuinn;

Saoil am bi kryptonite no bothan fòin 'san t-saoghal eile,
No maighdeannan a thuiteas ann an gaol ort,
No mèirlich, ruspalan, is fir brathaidh,
Is 'ad 'gad mhealladh;

O 'n a dh' fhalbh thu fada bhuainn,
Tha sinn' a' faireachdainn aonarach as d' aonais,
Ach bidh d' ainm an còmhnaidh a' tighinn air ar bilean an
    amannan na h-éiginn...

A Dhuin' Anabarraich, a Dhuin' Anabarraich...

PILES

A high snow up to the knees
A cold north wind
Landing sharp blows to the face

Cold, bitter, merciless,
The fields about
Desert-like, barren

The shroud of winter's snow upon them

And all you have to do is make piles of wood;

Sweat streaming down your cheeks
The cold biting at you

Waiting for one tree and then another
Cutting, piling
Arranging;

A heavy work
As heavy as the weight of the sin
On the sinner's conscience;

As if you, yourself were being smothered,
By those things, obstacles to your purpose
Dampness, cold, sweat;

The body straining with the weight
Blood pumping
Arms pushing and pulling;

Back bent
Shoulders now under the weight of the tree

Slowly raising it as if Samson himself was present

And the final act

It is now upon its end
and falling through the air

Onto another pile

POIDHLICHEAN

Sneachda shuas chun nan glùinean
Soirbheas ás an tuath, fuar
A' toirt sgailleagan dhan aodann

Fuar, geur, neo-thròcaireach
Na pàircean mu d' thimcheall
Fàsach, lom

Anart sneachd' a' gheamhraidh orra

Is chan eil agad ach a bhith a' dèanadh poidhlichean fiodha

Fallas a' sruthadh sìos do ghruaidhean
A' fuachd 'gad ghréimeachadh

A' feitheamh air aon chraoibh is té eile
'Gan gearradh, 'gan poidhleadh
'Gan cur air dòigh

Obair throm
Cho trom ri cuideam a' pheacaidh air
Cogais a' pheacaiche

Mar gum biodh tu 'gad mhùchadh fhéin
Leis na rudan sin 'nan cnapan-starraidh
Dhan aona ghnothach agad
Fliuch, fuar, fallasach;

An corp a' dèanadh strì ris a' chuideam
Fuil a' taomadh
Gàirdeanan a' putadh, a' tarraing

An druim air a chromadh
A-nist guailnean fo chuideam na craoibhe

'Ga togail gu slaodach mar gum biodh Samson fhéin ann

Agus an gnìomh mu dheireadh

Tha i air a ceann
a-nist tha i 'tuiteam troimhn' adhar

Air poidhle eile

FREEDOM

It took me a long time to get free of you

After having tried to understand your language
in those secret corners hidden away

And

Hearing your speakers
on tapes that were preserved and maintained

And

Reading book upon book
that ought to have touched upon you
trying to determine
were these true to your legacy

And

Speculating as to how all this
was passed down to me

And when I saw the lighthearted, gentle, hungry faces
that gathered about you in your lifetime
some young and some old

It struck me;

That you were never mine to start with;

But that whether in true comprehension or not
you are with every person
that hears your voice,
that speaks your words,
that reads your letters,
that sings from the treasure of your vast store;

SAORSA

Thug e ùine fhada dhomh gus saorsa 'fhaighinn bhuaibh,

As deoghaidh dhomh fiachainn ri ur cainnt a thuigsinn
'sna cèarnaidhean dìomhair ud air a' falach,

Agus

Cluinntinn an luchd-bruidhinn agaibh
air téipichean a chaidh a ghléidheadh is a chumail,

Agus

Leughadh leabhar as deoghaidh leabhair
a bu chòir a bhith a' buntainn dhuibh
a' fiachainn ri sgrùdadh a' robh 'ad amaiseach
air ur dìleab;

Agus

A' beachdachadh air ciamar a thàinig seo uile
sìos 'ugam;

Is nuair a chunnaic mi na h-aodainn iasgaidh, acarach,
      acrach
a chruinnich mu'n cuairt oirbh ann an àm na beatha agaibh
feadhainn ùr is sean,

Bhuail e orm;

Nach b' ann leams' a bha sibh a-riamh;

Ach 's ann a tha sibh leis gach duine
a chluinneas ur guth,
a bhruidhneas ur faclan,
a leughas ur litrichean,
a ghabhas òran bho luach ur stòrais fharsuing,
le tuigse beag no mór;

And after the learning and the mistakes
and the fear and the struggle
between that time and the time that I started

This terrible burden left
that I was mistakably carrying
all these years;

And a lightening occurred
that I never felt before

And at long last,
what freedom you gave me;

Agus as deoghaidh an ionnsachaidh agus nam mearachdan
agus an eagail agus na strì
a dh' fhairich mi eadar an t-àm sin agus
an t-àm a thòisich mi

Dh' fhalbh an t-uallach uamhasach seo
a bha mi 'giùlan gu meallta,
fad nam bliadhnaichean seo uile;

Agus thàinig aotromas orm
nach do dh' fhairich mi riamh roimh'

Agus mu dheireadh thall,
abraibh fìor shaors a thug sibh dhomh;

A DOG PISSING IN THE SNOW

The path of this life,
Is like the dog,

I saw today,

Pissing in the snow

THE CHURNING

Humanity's passions,
Unbeknownst;

Always crying out,

In little snippets,

That appear in the intermissions of the universe's moving,

A universe contained in the depths of the heart,
Where passion's secrets reside,

Rooming between life and death;

Churning,
Turning,
Sitting together,
Embracing,
United,
Happy and contented,
Staring at each other;

CÙ 'MÙIN 'SAN T-SNEACHD

Tha rathad na beatha seo,
Coltach ris a' chù,

A chunnaic mi an diugh,

A' mùin 'san t-sneachd

AM MAISTREACHADH

Lasan na daondach
Gun fhios;

A' glaodh a-mach an còmhnaidh;

Ann an gearraidhean beaga

A nochdas ann an eadar-amannan gluasadan
An domhain duibh

Domhan air a chumail ann an grunnd a' chridhe
Far a bheil dìomhairean nan lasan a' fuireach

A' còmhnaidh eadar beath' agus bàs;

'Nam maistreachadh
'Nan tionndaidh
'Nan suidhe
'Nan glacadh,
'Nan aonachd
Toilichte, riaraichte
A' spleuchdadh air a chéile

BEGGAR WOMAN

You without heat, without provision, without warmth,
And here she is shaky, alone, poverty-stricken;

You struggling for your very life,
In a little trailor on the outside,
In the country someplace;

And here she is struggling for the very same thing,
So seldom is she ever heard
on people's lips;

You without education, without use, without a contribution,
Not dissimilar is her situation
With her own critics saying what use does she have

It's you who went to have a psychiatric assessment
And without a doubt, she's not very far behind

AN ESSENCE

Fast modern cars were
traveling one after the other on the roads
back and forth some Sunday or other
returning from the box stores or someplace
it seemed they were in streams of thousands

And then a person was discovered
far away from sight;

In the corner of this one field
in the country, parochial, removed, alone,
singing a ditty as old as the hills;

O province of ours beyond value
The city is the ceaseless beating of your heart
And the grounded-ness of the land your eternal soul;

BANA-DHÌOL-DÉIRCE

Thusa gun teas, gun tacar, gun bhlàths
Agus ise cugallach, 'na h-aonar, 'na truaghaig;

Thusa a' strì airson do bheatha fhéin,
Ann an "trailor" bheag air an taobh a-muigh,
Air an dùthaich an àiteigin;

Ise 'strì airson an dearbh ruid,
'S gann 's a bheil i air a cluinntinn
air bilean daoine;

Thusa gun fhòghlum, gun fheum, gun cho-roinn,
Chan ann eu-coltach 's a tha a' suidheachadh aicese,
Le a cuid sgrùdairean ag ràdhainn gu dé feum a th' innte;

Is tusa a' falbh airson measadh fhaighinn air d' inntinn,
Agus gun aon teagamh, chan eil ise gàbhaidh fad' air falbh air
    do chùlaibh;

BRÌGH

Bha càraichean luath' ùr-nodh' air na rathaidean
a' siùbhal fear mu seach
a' tilleadh is a' falbh Di-Dòmhnaich air choireigin
a' tilleadh o na stòraichean móra no àiteigin
an dùil gu robh 'ad 'nan sreathan 'nam mìltean

Is a' sin, fhuaireadh aon duine
gu math fada mach á sealladh;

Ann an oisinn na pàirc' a bha seo
air an dùthaich, ionadail, leth-oirtheach
'na aonar,
a' seinn duanaig cho sean ris a' cheò;

O Mhór-roinn a th' againne gun phrìs,
's e am baile mór plosgartaich a' chridh' agad gun stad
agus an dùthaich 'na grunnd dha d' anam gu sìorruidh buan

A DECISION

I read in the newspaper today that I happen to be old
Holy Smokes, who could have known?

I had no idea about this...
How did it possibly happen?

Have I not been living in the Land of Eternal Youth???

Thanks be to God someone let me know
That I was so ancient, aged

And getting close to my death
I looked down

And my diaper
Was full of shit

Now I'm going to tell you a secret

Between you and me

After my death
You'll have to clean this

Or throw it out

It's up to your self

CO-DHÙNADH

Leugh mi 'sa' phàipear naidheachd an diugh
gu bheil mi sean

A Dhia, có aig a bha fios?

Cha robh gin de dh' fhios agam air a' seo
ciamar a thachair e?

Nach mì a bha 'fuireach
ann an Tìr nan Òg co-dhiubh

Taing do Dhia gun do chuir cuideigin fios 'ugam
gur mì a bha cho aosda, sean

Is a' tighinn faisg air a' bhàs agam
choimhead mi sìos

Agus bha am badan agam
Làn caca

Is tha mi 'dol dh' ìnnse dhut rud dìomhair

Eadar mi-fhìn is tu-fhéin

As deoghaidh mo bhàis
bidh agad ri seo a ghlanadh a-mach

No a thilgeil ás

Tha e 'n urra riut-fhéin

ETERNAL SEASONS

Like a wink of the eye,
everything here is ever-present,
and at the same time withering away,
in the face of eternity's presence;

Like a breath that gives life,
but cannot be seen,
this essential essence moves;

We are also essence of that essence
as we attempt to peer through this thin veil;

How difficult it is to understand
how flowers grow throughout
the eternal seasons;

NA TRÀITHEAN SÌORRUIDH

Mar phriobadh na sùla,
tha a h-uile sion 'na h-uile-làthaireachd a' seo,
'sa' cheart àm a' crìonadh cuideachd
an aghaidh na làthaireachd bith-bhuan,

Mar anail a bheir beatha,
ach nach urrainn a faicinn
gluaisidh a' bhrìgh seo;

Tha sinne cuideachd mar bhrìgh na brìgh ud
mar a dh' fhiachas sinn ri coimhead troimh 'n sgleò thana
    seo;

Is duilich a thuigsinn
ciamar a dh' fhàsas flùraichean air feadh
nan tràithean sìorruidh;

GAS PRICES

Word came that the
price of gas is going to go up
today;

And everyone fled
·to the gas stations
in order to get the lower price

And just as if
Jesus Christ was returning for the second coming
where congregations would run to their churches;

To have their confession heard
and get absolution

Cars filled the gas station
parking lots;

But the strange thing is
it seems that they all know
the price
is set to go down
again
someday soon

PRÌS A' GHASA

Thàinig fios gu robh
prìs a' ghas' a' dol a dh' éirigh
an diugh;

Is theich a h-uile duine
dha na stéiseannan
airson prìs na b' ìsle 'fhaighinn

Dìreach mar gu robh
Iosa Criosd' a' tilleadh airson an darna turais
is na coimh-thionail 'nan ruith dhan eaglais;

Gus éisteachd am peacannan
is trocair Dhé 'fhaighinn;

Lìon càraichean
àiteachan-paircidh nan stéiseannan

Ach, rud a tha neònach
tha e coltach gu bheil fios ac' uile
gu bheil air a chur
gun téid a' phrìs sìos
a-rithist
là air choireigin nach bi gàbhaidh fada

THE ANTS

When I was a little boy I was frightfully afraid of ants

Often I would dream of these awful little creatures coming out of

Holes where they were hidden

Busily going about their work

And nevertheless every spring they would come

And as usual they would start again with their important work

NA SEANGANNAN

Nuair a bha mi beag biodach bha eagal gàbhaidh orm roimh' sheangannan

Gu tric bhithinn-sa a' bruadal mu'n déidhinn

Na creutairean beaga uabhasach seo a' tighinn a-mach

ás na toill far a' robh 'ad air a' falach

Trang ag obair air an cuid ghnothaich

Is neo-ar-thaing gach earrach thigeadh 'ad

Agus mar bu nòs dhaibh thòisicheadh 'ad

a-rithist leis an obair chudthromaich aca

And if an obstacle or barrier was put in front of them they wouldn't stop

Even poison

Or if they were pursued they would run away

And if they were done away with with hot water

In a year or two, another new nest would appear

And since I've come to know them it was like this down through the years

And now I hope that they appear again this spring

Agus   nan   cuireadh   bacadh   no   cnap-starraidh   rompa   cha stadadh   'ad

Fiu's   puinnsean

No   nan   rachadh   tòrachd   a dhèanadh   orra   ruitheadh   'ad   air falbh

Agus   nan   rachadh   cur ás   dhaibh   le   uisge

teth   ann   am bliadhna   no   dhà   nochdadh   nead   ùr   eile

Agus   o 'n   a   fhuair   mi eòlas   orra   chaidh e   mar sin   sìos

'ro   na   bliadhnaichean

Agus   a-nist   tha mi 'n   dòchas   gun   nochd   'ad a-rithist

an t-earrach   seo ás   ùr

FIOSRACHADH

AN AWARENESS

Is nuair a thàinig mi na bu dlùithe oirre,
Chuir mi sùil gheur oirre

And when I drew closer to it,
I took a good look

A FART

Now drawing the last gasp
and dying;

Free, unfettered, finally;

From the beliefs of people
who think that you died,
long ago;

But surprisingly,
you are still kicking in the hidden coffin,
with very little of your ancient little-known breath remaining;

And similar to a fart that is made someplace,
that is too confining,
and the smell wafts about choking everyone that is there,
and making them uncomfortable with shame,

You keep unexpectedly appearing;

And there are still those,
that are going around,
with their hands
tightly gripped on their noses;

Afraid of these little wiffs
that disperse;

You know that attitude you get
and how its shouted out, "Who did that anyway?"

And despite an immeasurable lack of attention,
you continue to fall out,
just like that fart,
that comes without welcome, without warning

BRAOIM

A-nist a' tarraing na h-uspaig mu dheireadh
is ag eugachdainn;

Saor, gun bhannan mu dheireadh thall;

O bheachdan dhaoine
a tha 'smaoineachadh gun do dh' eug thu,
o chionn iomadach bliadhna;

Ach gu h-iongantach,
tha thu fhathast air crith 'sa' chistidh fhalaichte seo,
le glé bheag dhen anail aosda neo-aithnicht' agad air fhàgail,

Is mar bhraoim a chaidh a dhèanadh an àiteigin
a bha tuilleadh 's seasgair,
is a' fàileadh a' flodradh mun cuairt
a' tachdadh a h-uile duin' ann,
is 'gan dèanadh mì-chomhfhurtail,
fo nàire;

Tha thu an còmhnaidh gun fhios a' nochdadh;

Agus tha feadhainn ann,
a tha 'dol air adhart fhathast,
leis na làmhan aca,
le fìor ghréim air an sròin;

Fo eagal nan oiteagan beaga seo,
a théid an sgapadh;

Fhios agad a' freagairt a gheobh thu,
"Có rinn sin co-dhiubh?"

Agus a dh' aindeoin cion-aire gun mheud,
théid agad air tuiteam a-mach,
dìreach mar a thuiteas am braoim ud,
a thig gun fhàilte, gun rabhadh

THE DEAD TREE

I walked to the very edge of the woods
And there hidden,
Alone,

Stood a dead tree;

Smothered completely by the surrounding forest;

A forest that was deep, thick, black and dark,
A forest with its web that was powerful, controlling and
    smothering,

And in the midst of all this,
There was this tree
Bark-less, naked, bald,

And the tree stood out in this profound dark green-ness,
In its pale whiteness;

And when I drew closer to it,
I took a good look,

And I noticed that it was full of life and laden with activity,
In its death shroud;

A' CHRAOBH MHARBH

Choisich mi air iomall na coilleadh air fad,
Is a' sin air a' falach 'na h-aonar,
Sheas craobh mharbh;

Is thug mi 'n aire gu robh a' chraobh seo air a mùchadh
Gu h-iomlan leis a' choillidh
A bha domhainn dubh dorcha tiugh;

Coille le fuaigheal a bha cùmhachdach, smachdail is mùchail;

Is am measg seo uile bha a' chraobh mharbh seo
Rùisgte, lom, maol

Is sheas a' chraobh a-mach ás an uaine dhubh dhomhainn seo
'San dath gheal bhàn oirre

Is nuair a thàinig mi na bu dlùithe oirre,
Chuir mi sùil gheur oirre;

Agus thug mi 'n aire gu robh a' chraobh seo
làn beatha is i 'na drip,
'Sa' mharbh-phaisg aice;

TO IRELAND LAUGHING IN A COMING TIME

The Irish speakers were seen speaking to each other

Dead centre in the utter distress of their language

The suffocating weight of the English language
the decline of the Gaeltachts;

Struggling for services and a presence for their language,
in the complex levels and new diversity of their society;

Their desire that speakers would just speak it,
without fear, without limitation, proud,
free in the opinion that is put to use,
in its natural domain;

Hoping
that Ireland's youth would
celebrate the Island's ancient language and use it
as an intimate piece of their lives;

All this was noticed;

And just as the Island absorbed and withstood
the commotions of the Norse invasions, Normans, English,
poverty, starvation, war of independence
and now the new economy,

Like the ancient monks,
that lived on the Skelligs
that are now far removed from memory

This island will stand against the bitter wind,
and hail of time that will pound it,

And from its elevated height in time and place
and history,
it will put its face to the deluge of change
to come,
and it will laugh again in the irony of the invasion;

DO DH' ÉIRINN:
A' GÀIREACHDAINN AN ÀM RI TEACHD

Chunnacas na gaelgoirí a' bruidhinn ri càch a chéile;

Ann an teis-mheadhon fìor-éiginn na cànain aca;

Cuideam-mùchaidh o 'n chànain Shasunnaich,
dol sìos nan Gaeltachtaí;

Strí airson seirbhisean agus làthaireachd na teanga aca,
ann an ìrean co-fhillte, caochlaideach ùr na sòisidheachd aca;

Miann aca 's gum biodh an luchd-bruidhinn 'ga labhairt,
gun eagal, gun chrìch, moiteil,
saor leis an dòigh-beachdaidh aca air a cur gu feum,
'sa' roinn-nàdurach aige;

Ásan an dòchas,
gum biodh òigridh
na h-Éireann a' moladh
seann-chànain an eilein is 'ga cleachdadh,
mar dhlùth phàirt na beath' aca;

Thugadh an aire air a' seo uile;

Agus dìreach mar a leig a-staigh is a sheas an t-Eilean
ri ùpraidean nan Lochlannach, Normanach, Sasannach,
agus na bochdainn, na goirt, cogadh na saorsa

Agus a-nist an eaconamaidh ùire,

Coltach ris na seann mhanaich,
a dh' fhuirich air na sceallaigean,
a tha a-nist fad air falbh á cuimhne

Seasaidh an t-Eilean seo ris a' ghaoith gheir,
agus clach mealla an àm a tha 'dol a thréilleadh;

Agus o 'n rudha àrd aige an tìm,
agus àite agus eachdraidh,
cuiridh e 'aghaidh ri tuil an atharrachaidh
a bhios roimhe,

Is nì e gàire a-rithist ann an ìoronas na h-ionnsaigh;

BETWEEN CHRISTMAS AND NEW YEAR'S

Perhaps you are here,
so that we might experience
the loneliness that this life brings,
and that this feeling is as natural as anything;

At this time of the year,
we will hear
songs about love, friendship, warmth and hospitality;
Santa Claus, children with presents
and the plentiful foods of your feasts;

The message of the babe;

But for someone who seldom feels lonely,
this is the time of the year,
in which I feel the loneliest,
without a connection, without a dwelling place in the round
    world;

O Christmas and New Year,
thank God you're here!

EADAR ÀM NA NOLLAIG IS A' CHALLUINN

Dh' fhaodte gu bheil sibh ann
airson 's gum bi féin-fhiosrachadh againn
a tha aonaranachd na beatha 'toirt dhuinn,
is gu bheil an fhaireachdainn seo cho nàdurra
's a ghabhas;

Aig an àm seo dhen bhliadhna, cluinnidh sinn
òrain a thaobh gaoil, càirdeis, blàiths
is aoigheachd;
Bodach na Nollaige, clann le tìodhlacan
is pàilteas bìdh ur Féilltean;

Teachdaireachd a' phàisde;

Ach, airson duine gur gann a dh' fhairicheas
an aonaranachd,
seo an t-àm dhen bhliadhna,
anns a bheil mi 'faireachdainn nas aonair na
àm sam bith eile,
gun cheangal, gun àite-chòmhnaidh 'sa' chruinne-ché;

O Nollaig is 'Challuinn,
taing do Dhia gu bheil sibh ann!

GIANT

The Gaelic language went to sleep in this province
it went to sleep
in times past
living under the earth
like a great giant
stretched out

With its powerful feet
resting on the banks
of Halifax's rocky hills

Its broad thick hips placed
on the gentle hills
of Pictou County

Its massive torso
pulsating
with long memory
on the farms of Antigonish County

Its mighty shoulders
bent with the weight
of the memory of
mines long gone,

Concerned with
the going of its people
and the health of the land and sea

Now with its wise head,
half grey from age,
like the mountains themselves
that cast shadows upon it;

Lying restless in
Cape Breton's lands

FAMHAIR

Chaidh a' Ghàidhlig
'na cadal 'sa' roinn seo
chaidh i 'na cadal
bho thùs;

A' fuireach
fo 'n talamh
coltach ri famhair mór
a tha air a shìneadh a-mach

Le sàilean a chasan
làidire air an cur suas
air bruthaichean
creagan Halafacs;

A chruachain leathann tiugh air
an cur air cnuic mhacanta
Siorramachd Phictou

A chom mór, a' plosgartaich le cuimhne fhada
bailtean nan tuathanach air dùthaich a' Bhaile Mhóir;

A ghuailnean neartmhor
crom le cuideim
cuimhne nam méinean fad air falbh

Fo chùram le fàgail nan daoine

Is slàinte na talmhainn,

Beòthalachd na mara

A-nist le a cheann glic
leth liath mar na beanntannan-fhéin
a tha a' tilgeil
faileas air

'Na làighe gu riaslach
air tìr Cheap Breatuinn

Cape Breton of the famous
storyteller, fiddler, piper,
dancer;

This giant went to bed when
our province was young;

But now wishes to rise up,

To prove that he isn't so frightful,

That he is of use,

For those who now tread upon him

Cheap Breatuinn chliùitich nan seanchaidhean,
nam fidhlearan, nam pìobairean is nan dannsairean ainmeil,
    iomraiteach

Chaidh a' famhair seo
d' a leabaidh
nuair a bha a' roinn againn ùr

Ach, bu dèonach leis éirigh

A dhearbhadh nach eil e cho eagalach;

Gu bheil e gu feum;

Dhan fheadhainn a tha a-nist a' coiseachd os a chionn

DEATH THROES

I was walking this one day,
in this corner of the world where I was raised
and I happened upon a horse
with a colour that could not be explained;

And there were a few about
lamenting
and I was one of them

Since the horse was flat on its back
and wasn't moving at all;

He was stretched out
and it seemed
that he was in his death throes;

And when I took a closer look at him
I noticed that there were two holes in his body
as if he was shot with two bullets
one in his heart and another one in his head;

But to our surprise
though he wasn't moving
there was still breath in his body;

I thought to myself, I wonder is the damage permanent?
can he possibly be saved?
and we began working on him
to see if he could be salvaged;

And all of us who were about came together to help,
and we could only put a little water on his lips
but he never moved more;

IOMALL A' BHÀIS

Bha mi 'coiseachd là a bha seo
'sa' chèarnaidh far an deach mo thogail
is thachair mi air each
le dath nach gabhadh ìnnse;

Is bha beagan mu'n cuairt
a' caoineadh
is mise fear dhiubh

A chionn 's gu robh e air a dhruim dìreach
is nach robh e 'gluasad idir;

Bha e 'na shìneadh a-mach
is bha e coltach gu robh e
air iomall a' bhàis;

Agus nuair a thug mi sùil geur air
thug mi feairt gu robh dà tholl ann,
mar gun deachaidh a losgadh le dà pheilear,
fear 'na chridhe is fear eile 'na cheann;

Ach 'nur n-iongantas
bha anail fhathast 'sa' bhothaig aige
ged nach robh e 'gluasad;

Smaointich mi rium-fhìn, saoil a bheil an cron buan?
an urrainn dhà bhith air a shàbhaladh?

Agus thòisich sinn ag obair air
feuch an rachadh againn ri shàbhaladh

Agus thàinig sinn' a bha mun cuairt cruinn a chuideachadh
ach cha b' urrainn dhuinn ach beagan uisg'
a chur air a bhilean
is cha do ghluais e tuilleadh;

And time went by,
and we looked on him and we spoke of him and we turned
   our faces away,
and we cursed him because he wouldn't rise;

And this went on for many years
but astonishingly there was still breath in that damn horse;

And after a long while of thinking and talking and wandering
   about
we figured out what our purpose was in serving this
   particular horse,

To get those two bullets out of his body;

Agus chaidh ùine seachad,
is choimhead sinn air is bhruidhinn sinn air is thionndaidh
    sinn ar n-aghaidh air falbh,
is mhallaich sinn e a chionn 's nach éireadh e;

Agus chum siod roimhe fad iomadh bliadhna
ach gu h-annasach bha anail 'san damainte each sin fhathast;

Agus as deoghaidh greis mhór smaoineachaidh agus
    seanchais agus dol air allabain
fhuair sinn a-mach gu dé a' rùn a bh' againn a thaobh an
    eich,

An dà pheilear 'fhaighinn ás a' bhothaig aige

INSTITUTIONAL THOUGHTS

Through the looking glass of faith
and the remains of empires,
and the institutions built by these,
a person arrives at this place in time and being;

Where the creed of his belief and the learning of colonizers
influences his every deed;

Even when he is sitting in some meeting or other
and struggling in his mind against ideas and words;

That someone else is putting forward;

Struggling for no real cause whatsoever;

But the fear of the loss of control;

That lurks under the surface of the legacy,
these institutions left from long ago;

LOST WORDS

Do you suppose
that English speakers
ever ask,

How do you say this or that
in English?

Do you suppose they ever ask..?

SMUAINTEAN AIR STÉIDHICHIDHEAN

Troimh ghloine-seallaidh a' chreideimh agus
fuigheall nan Ìmpireachdan,
is na stéidhichidhean a chaidh a thogail leotha,
ruigidh duin' an t-àite seo ann an àm agus bith;

Far an toir creud a' chreideis aig' agus ionnsachadh
a' luchd-ionnsaidh buaidh do gach
gnìomh a nì e;

Fiù 's nuair a tha e 'na shuidhe ann an coinneimh air
   choireigin
a' dèanadh strì 'na inntinn an aghaidh bheachdan is fhaclan;

A tha cuideigin eile a' cur air adhart;

A' dèanadh strì gun fhìor adhbhar sam bith;

Ach eagal call a' smachd a tha fo uachdar na dìleib,
a dh' fhàg na stéidhichidhean seo bho chionn fhada;

FACLAN CAILLTE

Saoil a' foighnich
luchd na Beurla
a chaoidh

"Gu dé Beurla a th' agad
air seo no sin?"

Saoil a' foighnich...

YOUR SPEECH

Listening to your speech today;

A bag-of-wind speech,
A speech without ceasing,
A speech without shape,
A speech without feeling,
A speech without essence,
A speech without a path,
A speech as crazy as the birds,
A speech that was not heard,
A speech no one noticed,
A speech bawling out in the cold wind,
A speech alone, forgotten,
A speech misunderstood,
A speech calling out for aid,

A beautiful, meek, melodious, open speech, without blemish;

CANADA'S IDENTITY

I heard them on the radio today,
Talking about what constitutes Canada,
And if this country has its own identity;

And the point was made,
That Marshall McLuhan said,
"Canada is the only country in the world that knows how to
    live without an identity"

And at that very moment,
I thought of this here old man,
That was speaking in a forgotten language
To a child struggling to be born,

And I asked myself...do you suppose that this is a small piece
    of Canada's identity?

A' CHAINNT AGAD

Ag éisdeachd ris a' chainnt agad
an diugh;

Cainnt ghuthmhor
Cainnt gun stad
Cainnt gun chruth
Cainnt gun fhaireachdainn
Cainnt gun bhrìgh
Cainnt gun rathad
Cainnt cho gòrach ri eòin nan speuran
Cainnt nach deach a chluinntinn
Cainnt air nach d' thug neach-eiginn aire
Cainnt ag éibheachd 'san t-soirbheas fhuar
Cainnt 'na h-aonar, air a dìochuimhneachadh
Cainnt nach deach a tuigsinn
Cainnt ag gairm oirnn airson cuideachaidh,

Cainnt bhriagha, mhacanta, bhinn, fhosgarra, gun smal

FÉIN-AITHNE CHANADA

Chuala mi 'ad air a' réidio an diugh
A' bruidhinn air gu dé th' ann an Canada,
Agus a bheil dearbh aithne aig an dùthaich seo

Agus chaidh a' phuing a dhèanadh
Gun d' thuirt Marshall McLuhan,
"'S e Canada an aon dùthaich 'san t-saoghal aig a bheil fios air
     ciamar a bhith 'fuireach gun fhéin-aithne"

Agus anns an dearbh mhionaid sin,
Smaointich mi air seann duine a bha seo,
A bha 'bruidhinn ann an cànain dhiochuimhnichte,
Ri leanabh a bha seo a bha 'strì ri bhreith;

Agus dh' fhoighnich mi dhomh-fhín...saoil an e seo pìos beag
     de dh' fhéin-aithne Chanada?

THINKING

I have been trying to think now,
In many languages;

But the only language,
That I haven't thought in,

Is the language of nothingness;

ANOTHER ST. PATRICK'S DAY

It's St. Patrick's Day...
"The noblest day that ever came or went
But for Christmas Day and Easter"

And for this day only
everyone is an Irish person
wearing something green
drinking green beer
singing Anglo-Irish rebel songs
telling stories
and surely a fib or two...

Without a hint of a thought
as to why
or what use there is in being there
they don't disappoint and rise to the occasion

And here's poor St. Patrick
dancing arm and arm
in an ever-present March wind
with the lingering apparition of the day's true essence
all together removed from them

SMAOINEACHADH

Tha mi air a bhith a' fiachainn ri smaoineachadh a-nist,
ann an iomadach chànain;

Ach an aon chànain,
anns nach do dh' fhiach mi,

Sin cànain na neonitheachd;

LÀ FHÉILL PHÀDRAIG EILE

'S e Là Fhéill Phàdraig a th' ann...
Is mar a théid a' seanachas
"'S e a' là nas h-uaislich a thig no thàinig
Ach 'son là na Nollaig is là na Càisg"

Is airson a' là a mhàin seo
bidh a h-uile duine 'na Éireannach
a' cur air rudaigin uaine
ag òl an lionn le dath uain' ann
a' gabhail òran reubalach nan Sasannach-Éireannach
ag ìnnse naidheachdan,
is cinnteach briag bheag no dhà

Gun ghin de smuain air carson
no gu dé feum a th' ann
éiridh 'ad air is cha mheall 'ad

Is Naomh Pàdraig bochd
a' dannsadh gàirdean an gàirdean
ann an gaoith a' Mhàirt uile-làthaireach
le taibhse-dhalaich fìor bhrìgh a' là-fhéin
cho fad' uile gu léir air falbh bhuapa

INVISIBLE THINGS

The soul,
Time,
Belief,
Love,
Eternity,
And the Gaelic language spoken in this corner of the world;

Things that many speak of without seeing them;

And here's me in a great conversation with myself,
About these things,
Outside my house;

And while all this speechifying was going on,
A heavy, high wind was striking hard at my jaw;

RUDAN DO-FHAICSINNEACH

An t-anam
An t-àm
An creideamh
An gaol
An t-sìorraidheachd
Is a' Ghàidhig air a labhairt 'sa' cheàrnaidh seo dhen t-
    saoghal;

Rudan air am bi móran a' bruidhinn gun am faicinn;

Is mise ann an còmhradh mór leam-fhìn
Air na rudan seo
Air taobh a-muigh an taigh agam;

Is cho fad 's a bha an t-òraideachadh a' dol,
Bha soirbheas trom, àrd 'gam bhualadh gu cruaidh
Mu'm pheirceall;

LÀRAICHEAN-CEANGAIL

CONNECTING POINTS

Is 'sa' cheart mhionaid ud,
Rinn mi gàire is osna is sgriosadh
'San tachartas neo-chreidmheach seo

And I smiled and sighed and cursed
In this unbelievable occurrence

INDIFFERENT

He was standing there
Outside the pub

When he I came out
After the gig

A smoke in his hand
A grin on his face

Walking about
In the parking lot

As if he was wearing a hole in patience itself

Unsettled, fidgeting,
Coming close and then going away
Again and again

"I gave $5.00 to that young fellow
Hope that he wins on the machines this time...
We have to get the three sevens in a line
If we can get that...but, it's always the Government, heh,
You are always screwed by the Government"

With skin like leather, a cap and not a tooth in his head
He came towards me with a shaky step
And the appearance of drunkenness

And me intending to put my things in the car,
Half paying attention to him

"I am an old man, eh,
And all I'm trying to do is get this right"

"You know, I prefer to deal right with people"
And here I was agreeing with him in a self-righteous way;

COMA

Bha e 'na sheasamh a' sin
Taobh a-muigh an taigh-sheinnt

Nuair a thàinig mi a-mach
As deoghaidh na gige

Toit 'na làimh
Le dréin' air

A' coiseachd mu' cuairt
An àite-parcaidh

Mar gu robh e 'cosg tuill ann a' foighidinn-fhéin

An-fhoiseil, mi-shuaimhneach,
A' tighinn faisg is a' dol air falbh
A-rithist agus a-rithist

"Thug mi $5.00 eile dhan fhear òg ud
An dòchas gum buannaich e air na h-innealan
An triop seo...tha againn ris na trì seachdan fhaighinn
Ann a' sreath...ma 's urrainn dhuinn siod 'fhaighinn...
Ach 's ann leis a' Rìoghaltas, hé, bidh
Thu an còmhnaidh aig an diabhal leis a' Riaghaltas..."

Cha robh fiacal 'na cheann, is le currac air, craiceann mar
      leathar
Air a chosg...
Thàinig e 'gam ionnsaidh le ceum cugallach is coltas na
      dighe air

Is mise a dh' aona ghnothach
Airson nan rudan agam
A chur 'sa' chàr...a' toirt dhà ach leth m' aire

"'S e seann-duine a th' unnam, hé, agus chan eil mi
Ach a' fiachainn ri seo 'fhaighinn ceart"

"B' fhèarr leam a bhith a' déiligeadh ri daoine ann an dòigh
      cheart, fhios agad."
Is mise 'g aontachadh leis ann an dòigh fhéin-fhìreantach...

"O, it's better if you aren't in conflict with people, boy"

"I wouldn't bother anybody at all, but when I'm drinking...
When I'm drinking, you know, I got to do my own thing"

As if something else made him, he turned quickly,

"Good music, sir!", he said, "Good music indeed!"

"I'm an old man. I was away for years. And now I'm here..."

It was as if I had been some long lost friend, he returned to
    it;

"I lost my father when I was five years old
And my mother left
I lost everybody
But who cares really
People don't care"

We were walking though separated
Back towards the pub again;

He turned to his acquaintance beside the door,

"This fellow here's got good music," pointing at me
As I was going in the door;

And I turned and I said in an all-knowing voice, "All the best,
    boy!"

And then I went inside to that place where I felt safe again,
Ashamed and humiliated and unrelieved about the
    encounter

"O, tha e nas fhèarr nach biodh tu strì ri daoine, 'ille"

Cha chuirinn-sa dragh air duine sam bith idir ach nuair a bhios
    mi 'g òl...
Nuair a bhios mi 'g òl, fhios agad, bidh agam ri mo dhòigh-fhìn
    a leanaid"

Mar gum biodh rudaigin eil' a thug air a dhèanadh...
    thionndaidh e gu h-obann

"Ceòl math a bha sin, a dhuine," thuirt e, "Ceòl math dhà rìribh"

"'S e seann duine a th' unnam...bha mi air falbh fad
    bhliadhnaichean...is a-nist
Tha mi a' seo..."

Mar gu robh mise 'nam charaid dhà a tha air a bhith fad air
    falbh bhuaithe, thill e dhan ghnothach...

"Chaill mi m' athair nuair a bha mi còig bliadhn' a dh' aois is
Is dh' fhalbh mo mhàthair...chaill mi a h-uile duine...ach tha a
    h-uile duine coma,
Cha togair daoine..."

Bha sinn a' coiseachd còmhla ach dealaicht'
Air ais a dh' ionnsaidh an taigh-sheinnt a-rithist...

Thionndaidh e gu a fhear-eòlais a bha ri taobh an doruist
Agus thuirt e, "Tha ceòl math aig an fhear seo"...'gam
    chomharrachadh
Is mise 'coiseachd a-staigh air an dorust...

Is thionndaidh mi is thuirt mi ann an guth uile-eòlach, "Gu' téid
    gu math leat, 'ille"

Is chaidh mi a-staigh dhan àite ud far a' robh mi sàbhailt' a-
    rithist
Air mo nàireachadh 's air mo thoirt fo smachd agus gun
    chòmhnadh a thaobh a' choinneachaidh

A RECONNECTION

So strange
yet completely fitting
it is
to appear
after a long time
of banishment

From the link that existed between
our people

Scotland and Ireland

As they were from the earliest times

And only the Irish Sea
in its small vastness
separating us;

And now Nose Eskofa* putting its nose
in this mix

With Nova Scotia's Gaelic language two hundred years
    removed
from the Gaelic language of Scotland itself
being stirred together again in all their respective
    pecularities,
in harmonics with their cousin,
the beautiful sweet Irish language;

And here's me discombobulated with the sounds of these
    languages
so flowing, rapid in their delivery;

And little Nose Eskofa, unknown,

Renewing a little bit of these ties that were forgotten
after the departure of the peoples and the settlement in the
    New World

ATH-CHEANGAIL

Cho neònach
is iomchaidh gu buileach ged tà
's a tha e
a bhith a' nochdadh
as deoghaidh ùine mhór
de dh' fhuadachadh

O 'n cheangal a bh' ann eadar
na daoin' againn

Alba is Éirinn

Mar a bh' unnta bho thùs

Is nach b' ann ach an Cuan Éirinn 'na mheud bheag
'gar dealachadh

Is a-nist Nose Eskofa* a' cur a sròin
'sa' mheasgachadh seo

Le Gàidhlig na h-Albann Nuaidh fad dà chiad bliadhna
bho 'n a' Ghàidhlig ás Albainn-fhéin
'nam measgachadh a-rithist 'sna h-annasan aca uile
'nan ceilearadh le an caraid,
an Ghaeilge bhriagha bhinn

Is mise air mo bhoil le fuaimnean nan cànainean seo uile
cho sruthach is cho luath 'nan labhairt

Is Nose Eskofa* bheag, neo-aithnichte,

Ag ùrachadh beagan dhe na ceanglaichean seo a chaidh á
    cuimhne
as deoghaidh fàgail nan daoine is an suidheachaidh 'san
    t-Saoghal Ùr;

And questions and confusion and clarity and confusion again
  the result

But certainly it was like this

When the Great O'Neil and the Galloglasses met each other
  for the first time;

* a pronunciation for Nova Scotia by a fellow I met while in
  Belfast

Is ceistean is drip is soillearachadh agus drip a-rithist
an toradh

Bu chinnteach gu robh e mar seo

Nuair a thachair an tUí Níll Mór is na Gàidheil Ghlaise air a
   chéile a' chiad turas

* dòigh-labhairt aig fear air an do thachair mi ann am Béal
   Feirste airson Nova Scotia

A LIFE: ROSA PARKS (1913-2005)

Do you suppose that we will learn from the example of your
    life?

It wasn't just for African Americans,
your message was for every minority in an unjust situation

And what is the meaning of the stand you took
to us
up here in our little corner of the world?

Each of our communities with a minority language or unique
    heritage,
each under threat,
of becoming utterly and completely extinct;

To be torn in pieces,
on account of the lingua franca of this country,
and want of rights under law;

It isn't just skin colour,
but the marked differences,
throughout humanity,
that makes us unique,
and the same;

Where we are;

Mi'kmaq
Acadians
Gaels
African Nova Scotian

Do you suppose we can learn this message?

You let us be;

We that are different, yet the same,
divided, but together;

BEATHA: ROSA PARKS (1913-2005)

Saoil an ionnsaich sinn bho eisimpleir domhainn do bheatha?

Cha b' ann dìreach dha na h-Afraigeanaich Ameireaganach,
ach do gach mion-bhuidheann ann a' suidheachadh eucòir
a bha do bhrath;

Agus dé 'chiall anns an t-seasamh a rinn thu air ar son
shuas a' seo 'nar cèarnaidh bhig dhen t-saoghal?

Gach coimhearsnachd againn le mion-chànain no dualchas
   sònraichte;
gach buidheann fo bhagairt
a bhith a' dol ás am bith gu h-iomlan buileach,

A bhith air an sracadh ann am pìosan
air sàilleabh lingua franca na dùthcha seo
is dìth air chòirichean fo lagh;

Chan ann ach dath a' chraicinn,
ach diofraichean comharraichte
air feadh na daontach
'gar dèanadh aig aon àm
sònraichte is ionnan

Far a bheil sinn;

'nar Miogamagaidh,
'nar Acaidhtidheanaich,
'nar Gàidheil,
'nar Afraigeanaich na h-Albann Nuaidh;

Saoil an urrainn dhuinn am brath seo ionnsachadh;

Leig thusa leinn;

Sinn' a tha diofraichte, ach uil' ionnan,
dealaichte, ach le chéile;

More profound than
colour of skin,
the body's appearance,
or utterance of the tongue

To be truly human,

In every way;
custom and language
where it is found

Was your message;

Nas doimhne na
dath a' chraicinn,
coltas na bothaig,
no labhairt na teangaidh

B' ann a bhith mar fhìor dhaontachd

Anns gach dòigh;
cleachdadh is cainnt
far a bheil e air 'fhaighinn

A bha 'nad bhrath

A HEADY MEETING

I sat in your presence
In that Inn
On Loch Linnhe's edge

And amongst the three of us
A tiny smidgen of Gaeldom
That was of a similarity of nature
United long ago
Came together

One from the Gaelic World of Ireland
One from the Gaelic World of Scotland
One from the Gaelic World of Nova Scotia

And realized that I didn't really understand
The greatness of the matter

And I thanked the ever-present
And the Gaelic language

The misunderstood, understood, forgotten, newly
    remembered,
Glorious, light, free, beautiful, complex, puny, muscular,
Gaelic language that in the air above us, hung

About us still

That placed us before each other
In time and place and distance

And I smiled and sighed and cursed
In this unbelievable occurrence

COINNEAMH A' DOL 'SA' CHEANN

Shuidh mi 'nur làthair
'San taigh-òsda ud
Air iomall Loch Linne

Is am measg an triuir againn
Thàinig smùir bheag dhen t-saoghal Ghàidhealach
A bha bho thùs aonaichte
Ann an ionannachd nàdurra

Aonar á saoghal Ghàidheal na h-Éireann
Aonar á saoghal Ghàidheal na h-Albann
Aonar á saoghal Ghàidheal na h-Albann Nuaidh

Agus thug mi 'n aire nach do thuig mi dhà rìribh
Mórachd a' ruid

Agus thug mi taing dhan uile-làthair
Agus dhan a' Ghàidhlig

A' chànain mhì-thuigte, thuigte, dhiochuimhnichte,
        chuimhnichte a chionn ghoirid
Ghlòrmhor, aotrom, iasgaidh, bhriagha, cho-fhillte, bheag
Bhìodach, lùthmhor a tha crochta 'san adhair os ar cionn

Fhathast mun cuairt oirnn

A chuir sinn mu choinneimh a chéile
Ann an àm is àite is astar

Is 'sa' cheart mhionaid ud,
Rinn mi gàire is osna is sgriosadh
'San tachartas neo-chreidmheach seo

All together unaware

Completely burdensome

All together pleasant

All together a life-force,

Long forgotten, barely known,

This liberating clash of non-dissimilar worlds

Uile gu léir gun fhios

Uile gu léir 'na h-eallach

Uile gu léir tlachdmhor

Uile gu léir 'na bheò-spionnaidh

An ceangal seo fad an dio-chuimhne,
Gun bheag de dh' fhios,

Sgread-fuasglaidh seo nan saoghal neo-eu-choltach

JOHN ALLAN CAMERON (1938-2006)

John Allan, the news came that you crossed over
without any more pain, without the weight of your terrible
    illness

Singing songs and playing a well tuned guitar
now in the yonder kingdom of music that is hidden from us

And as is customary we are now praising you
the legacy and the mark that you left
one that touched us;

The Godfather of Celtic Music,
the title you earned;

Celtic Music that you received as an inheritance
from our Gaelic ancestors of times past;

Transcribing their fiddle and pipe music
on your guitar, your legacy

Quick fingered,
melodic voice, sincere;

Because you had this, you decided
you would take their music to the outside world;

With warmth of mind and spirit
and belief in the work that was before you,
you went forward
and you made a road for their music
as you played it;

As a son of the Gaels hidden
in their corner of the world
and now appearing
shared with the great round world;

Would that we would truly learn
from the depths of the well from which you drank;

IAIN AILEAN CAMSHRON (1938-2006)

O Iain Ailein, thàinig an naidheachd gun deach thu thairis
gun phian tuillidh 's gun chuideam an tinneis ghàbhaidh a
bh' agad

A' gabhail òrain agus a' cluich air a' ghiotàr ghleusda
A-nist ann an rìoghachd a' chiùil thall a tha air a' falach
bhuainn

Agus a-nist tha sinn 'gad mholadh mar is nòs
an dìleab agus an comharradh a dh' fhàg thu
fear a bha 'buntainn dhuinn

Goistidh a' Chiùil Cheiltich
An tiotal a choisinn thu

Ceòl Ceilteach a fhuair thu mar oighreachd
o ar seann-sinnsearan Gàidhealach o linntean a chaidh
seachad

Ath-sgrìobhadh ceòl na fidhleadh agus na pìob a bh' aca
air a' ghiotàr a bh' agad, do dhìleab;

Luath-chorragach 's a bha thu
binn-ghuthach, neo-mhealltach;

Bho 'n a bha e agad, rinn thu suas d' inntinn,
gun d' thugadh tu an ceòl leat dhan taobh a-muigh;

Le blàths-inntinn, spiorad
agus creideamh 'san obair a bha romhad
chaidh thu air adhart
agus rinn thu rathad airson an ciùil
mar a chleachd thu e;

Mar mhac nan Gàidheal a bha air 'fhalach
ann an ceàrnaidh an t-saoghail a bh' aca
ach, a-nist air nochdadh
air a roinn leis an t-saoghal mhór chruinn;

O gun ionnsaicheamaid gu fìrinneach
o dhoimhneachd an tobair far an do dh' òl thu

FACEBOOK AND GAELIC

Writing in an unknown language,
old, shaky, alone,
in order that people will have a mere knowledge of it;

I write in this loneliness,
and I often suppose that there isn't one person
on the surface of the earth,
that is in the same situation as me;

But I paused and I thought about the whole thing;

And then, it struck me
that Facebook
is kind of like Gaelic;

And I decided
that I would offer
Facebook the Gaelic language,
to be a friend to it,
in all its breadth
and ceaseless treasure;

And instead of being afraid
of an intrusion in its personal life
I welcome
any and all scrutinizing
that can be done of it

And I'll provide Facebook
its date of birth,
its religious persuasion,
its sexual orientation
its life history,
its stories,
its songs,
its music,
its customs,

LÀRACH NAN CEANGLAICHEAN
AGUS A' GHÀIDHLIG

A' sgrìobhadh ann an cànain neo-aithnichte
sean, cugallach, aonaranach,
airson 's gum bi beagan eòlais aig daoin' oirre

Is mar a sgrìobhas mi 'san aonaranachas seo
gu tric saoilidh mi nach eil aon duin' eile
air uachdar an t-saoghail
'san aon suidheachadh 's a tha mise

Ach stad mi is smaointich mi
air a' ghnothach

Is a' sin, bhuail orm
gu bheil Làrach nan Ceanglaichean
car coltach ris a' Ghàidhlig;

Agus chuir mi romham
gun tairginn-sa do Làrach nan Ceanglaichean
a' Ghàidhlig,
a bhith 'na caraid dhi,
'na farsaingeachd air fad
'na stóras gun chrìch

Agus an àite a bhith fo eagal
air foirneachd a beatha phearsanta
cuiridh mi fàilte air
sgrùdadh sam bith a théid a dhèanadh oirre

Agus bheir mi
ceann-là a breith,
a creideamh gneitheach,
a gné,
eachdraidh a beatha,
a sgeulachdan,
a h-òrain,
a ceòl,
a cleachdaidhean,

its expressions,
its hobbies,
its hopes,
its fears,
its musical interests,
where it was raised,
and what it is up to at this very moment

a gnàthsan-chainnt,
na cur-seachadan aice,
a dòchasan,
a h-eagail,
a sùim ciùil,
far an deach a togail,
is gu dé tha i ris an dràsda-fhéin

RITA JOE, OUR FRIEND

You left us today,
Brave, proud, you a Mi'kmaq

The sound of the striking of the soft skin of the drum of your
    people was heard

You who were wise, steady, intelligent, grounded
Certain in your purpose

At the time of your death, the same sound in each of our
    languages
in the soft skin of the drum of your people was heard

You, the friend to a people that struggled
as you yourself struggled

When you crossed over to the other world, pain, shame,
    separation,
displacement, unwelcomeness were heard in the soft,
    experienced skin
of the drum of your kind people

You with your gifts: head, heart and soul, those with opened
    ears
will hear a sound of a people that are now calling out anew
    their own identity

When you went away from us, the sound of proud
    sentiments were heard:
alive, spritely, light, dancing on the face of the earth,
celebrating a life that gave new meaning to the words, "We
    exist"

And this sentiment that you put in us spreads like a
rhythm through the universe

Lifting us up and sustaining us with courage
For the peaceful conflict that is before us all

RITA EÒSAG, AR CARAID

Chaidh thu thairis bhuainn an diugh,
Treun, moiteil, 'nad Mhiogamaidh;

Chaidh buillean seice bhog druma na muinntir agad a
    chluinntinn;

Thusa cho glioc, stéimhir, fiosrach, stéidhichte,
cinnteach ás a' rùn agad

Chaidh a chluinntinn, aig àm do bhàis, an aon fhuaim 'sa'
    chuid chànain againn,
ann an seice buig druma na muinntir agad;

Thusa 'nad charaid do mhuinntir a nì 'strì,
mar a rinn thu-fhéin strì;

Nuair a chaidh thu thall, chluinneadh cràdh, nàire,
    dealachadh,
air an cur ás àite, neo-fhàilteach,

Á seice bhuig an druma, féin-fhiosrachaidhean na muinntir
    còire agad;

Thusa le do thìodhlacan: ceann, cridhe is anam, cluinnidh an
    fheadhainn le cluasan beachdaidh fuaim na muinntir a
    tha 'g éigheach ás ùr air an dearbh-aithne aca-fhèin;

Nuair a dh' fhalbh thu bhuainn, chaidh fuaim nam
    faireachdainnean moiteil
a chluinntinn: beò, sgairteil, aotrom, a' dannsadh air uachdar
    na talmhainn,
a' dèanadh ho ro gheallaidh air beatha a thug ciall ùr dha na
    facail "Tha sinn' ann";

Agus sgaoilidh an fhaireachdainn seo
a chuir thu unnainn
mar ruithim air feadh na cruinne-ché

'Gar togail is a' toirt misneachd dhuinn,

Airson a' chogaidh shìtheil a tha romhainn uile;

IN A NORTHERN CHURCH

They were found inside the church,
in the same pew;

Beside one another;

Without a sideways glance,
only looking forwards;

And no one ever noticed,

That they were sitting on
the frills of each other's trousers;

TO NEIL, MY HERO

I have kept an eye on you, O great warrior,
All these years that I have known you;

You who studied and learned and scraped
in order to speak our small, insignificant, non-glorious
    language

You who were learned, but cautiously quiet,
you that taught all your life,
who left your own influence on your peers;

Humbly,
you left your pride
at learning's melting pot door

And you took your place at the welcoming table of your
    people

And like a watchperson who watches a causeway
that ties two pieces of land together

You made a hopeful bridge with the example of your choice

ANN AN EAGLAIS MU THUATH

Fhuaireadh 'ad taobh a-staigh na h-eaglais'
air an aon bheing;

Ri taobh a chéile;

Gun sùil air sion eile,
ach a' coimhead air thoiseach orra;

Agus cha d' thug duine sam bith aire 'riamh;

Gu robh 'ad 'nan suidhe

Air iomall nan triubhsairean
aig càch a chéile

DO NIALL, MO CHURAIDH

Chum mi sùil oirbh, a churaidh mhóir,
Thar nam bliadhnaichean air a' robh eòlas agam oirbh;

Studaig sibh is dh' ionnsaich sibh is sglamhraich sibh
gus am biodh ar cànain bheag, bhìodach, neo-ghlormhor agaibh;

Sibhse fiosrach, ach gu cùramach sàmhach,
Sibhs' a theagaisg fad ur beatha,
a dh' fhàg ur cuid buaidh air na co-aimsirich agaibh;

Gu h-iriseal,
dh' fhàg sibh ur moit
aig dorust poit-leaghaidh
an ionnsachaidh

Agus ghabh sibh ur suidheachadh aig bòrd-fàilteachaidh ur
    muinntir

Is coltach ri faireadair a phriobaicheas cabhsair
a cheanglaicheas dà phìos fearainn ri chéile

Rinn sibh drochaid dhòchasach le eisimpleir ur roghainn

ASHES

From the ashes,
Create a new community

Out of the frustration,
Make a new meeting place

From the loss,
Sing out your songs and tell your stories

From the language that lived on the cliff's edge,
Speak a living, giving, melodic language

From the success that comes,
Share it

From the sharing,
Dance a dance of life

From the ashes,
Create a new community;

LUAITHRE

Ás a' luaithre,
Togaibh coimhearsnachd ùr

Ás a' bhristeadh-dùil,
Dèanaibh àite-coinneimh ùr

Ás a' chall,
Togaibh ur n-òrain is ìnnsibh ur naidheachdan

Ás a' chànain a dh' fhuirich air iomall a' sgùrra,
Bruidhnibh cainnt bhrìghmhor, bhinn

Ás a' bhuaidh a thig,
Com-pàirtichibh i

Ás a' chom-pàirteachas,
Gabhaibh dannsa na beatha

Ás a' luaithre,
Togaibh coimhearsnachd ùr

OLD AGE

I saw him
Walking so slowly
He was moving like an ox
But less the weight
Without hurry

I thought that
He had the look of the Greek Oracle about him
With a long, filthy beard
Like the kind on the tree

I was worried that
My end would be this

Old and pained and shaky,
Like a faithful dog,
That lived too long

And as I was watching him
This old fellow stopped

And he looked at me
And he smiled

SEANN AOIS

Chunnaic mi e
A' coiseachd cho slaodach,
Bha e 'gluasad mar dhamh
Ach, gun a chuideam,
Gun chabhaig

Shaoil mi gu robh
Coltas na seann oragail Gréigich air,
Le fiasaig fhada, shalaich,
Mar fhiasaig bhodach air craoibh

Bha mi fo chùram
Gum biodh mo chrìoch
Mar seo

Sean is goirt is cugallach,
Mar chù dìleas,
A mhair tuilleadh 's fada

Is cho fad' is a bha mi 'coimhead air
Stad a' seann-fhear seo

Is chuir e sùil orm
Is rinn e gàire

CRÌOCHAN

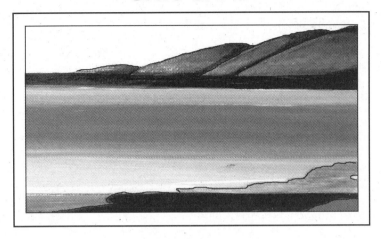

LIMITATIONS

Is mar sin,
Bidh thu ann fhathast,
Còmhla rinn,
Mar dhroch-bhruadar;

So like that,
You are still there,
With us,
Like a bad dream;

A BUG

I thought just now,
Of what use am I?

Me

There isn't one other person of my shape
on the great eternal pile of humanity
in the whole round world;

A piece of eternity's dirt;

And just like many others
searching for the purpose of life

And this thought came to me
of bugs;

What ever kind
they have been here for a good long while;

And I thought about the ones
at the base of the cellar of my house;

Digging and working and breeding and dying and birthing
and they do this again and again and again in perpetuity;

And all the time they dig and work and create, that is their
    purpose;

And I spent some time thinking about the thing;

Without the work of the bugs, crops could not be planted
and thus harvests could not be reaped
and thus there wouldn't be food to eat
and without this food we could barely survive
the continuing cycle of life as they say in English

'NAM BHIASTAIG

Smaointich mi an dràsda
Gu dé feum a tha mi?

Mise;

Chan eil neach eile,
'nam chruth,
air poidhle bioth-bhuan mhór na daontachd,
'sa' chruinne-ché;

Pìos smùir na sìorruidheachd;
is coltach ri iomadach duin' eile,
a' rùrachadh air rùn na beatha;

Is thàinig a' smuain seo 'ugam,
air biastagan;

Ge bi a' seòrsa,
tha 'ad air a bhith ann ùine nach ro-ghoirid;

Is smaointich mi air an fheadhainn,
aig bonn seilear an taigh' agam;

A' cladhadh is ag obair is a' dol air muin is ag eugadh is a'
    breith
is 'ad a' dèanadh seo uile a-rithist agus a-rithist agus a-rithist
    gu sìorruidh buan;

Is cho fad 's a chladhaicheas 'ad is a dh' obraicheas 'ad is a
    chruthaicheas 'ad,
sin an t-aona rùn aca;

Is chaith mi ùine 'smaoineachadh air a' chuspair;

Gun obair nam biastagan cha rachadh aig pór a chur agus an
    uair sin,
cha rachadh aig buain a dhèanadh,
is an uair sin cha bhiodh biadh ann airson ithe,
is gun a' bhiadh seo cha mhór nach bitheamaid beò
cuairt-leanaidh 'na beatha mar a dh' abradh 'ad 'sa' Bheurla

And then it became a little bit clearer
because these small little insignificant bugs are so important

I realized at that very moment

So too am I

A bug

Is dh' fhàs e rud beag na bu shoilleir' dhomh,
air sàilleabh cho cudthromach 's a tha na biastagan beaga
  bìodach ud;

Is thug mi feairt 'sa' mhionaid ud

Gur ann 'nam bhiastaig

A tha mise cuideachd

SOFT FACES

Early this morning
I was on the bus
Going to the centre of Halifax

In the province of my shaping

And taking notice of the faces
Which were about me

The faces of Nova Scotia

And I decided that
Nova Scotia makes the face soft, gentle

For whatever reason
The weather
The wetness
The dampness
The mist
Breezes from every corner of the world
Or fierce storms
That wear us down or what

But the faces of Nova Scotia's people
Are soft, moist, pliable

Even the aged
You look hard
And you will see
That Nova Scotia
Made their facial features
Round, a bit worn,
But soft, smooth

Worn beautiful or clean, young but beautifully beautiful

AODAINN BHOGA

Tràth 'sa' mhaduinn an diugh
Is mi air a' bhus
A' dol gu teis-mheadhon an Àird-Bhaile

Ann a' mór-roinn mo riochdachaidh

Is a' toirt an aire air na h-aodainn
Mu mo thimcheall

Aodainn na h-Albann Nuaidh

Is rinn mi a-mach
Gun dèanadh Alba Nuadh an t-aodann bog, séimh

Ge bi a' reusan
An t-sìde
A' fliuichead
An t-aitidheachd
An ceò
Soirbheas ás gach cèarnaidh dhen t-saoghal
No na gaillinn a chaitheas sinn sìos
No dé

Tha aodainn muinntir Albann Nuaidh
Bog, tais, maoth

Fiù 's an fheadhainn aosda
Coimheadaibh gu cruaidh
Is chì sibh
Gun d' rinn Alba Nuadh
Na comharraidhean-aodainn aca
Cruinn, caran caithte,
Ach bog, mìn

Caithte briagha
Ach glan, òg, gu briagha briagha

Take a look as well at the new faces,
Hard, full of narrative, with the burden of the world;
In a short while
This little place beside the vast sea shapes
These troubled faces with the care of the tender hands of her
    seasons

That's how Nova Scotia shapes a face

Perhaps it's on account
Of the hospitality
And generosity
And kitchen céilidhs
In our maritime culture

That our kind province does its magic

Putting her people's eyes under spells and charms

Molding shapes and features
Which suit her will

Whatever the way

Outside of everything else

I am elated

That she weaves

Her creative shapes

On our unsuspecting faces

Cuiribh sùil cuideachd air na h-aodainn ùra,
Cruaidh, làn stóraidh, le uallach an t-saoghail;
An tacain
Cruthaichidh an t-àite seo ri taobh na mara na h-aodainn
     trioblaideach seo
Le cùram le làmhan caoimhneil nan dùilean aice

Sin mar a riochdas Alba Nuadh aodann

Dh' fhaodte gur a th' ann
Leis an aoigheachd
Is an fhialaidheachd
Is céilidhean a' chidsin
Anns a' chultar oirthìreach a th' againn

A tha ar mór-roinn chaoimhneil a' dèanadh
A draoidheachd

A' cur fo gheasaibh sùilean nan daoin' aice

A' ceàirdeachadh riochdan agus comharraidhean
A réir a toil fhéin

Ge bi an dòigh

Neo-ar-thaing

Tha mi làn toileachais

Gu bheil i 'fighe

A cumaidhean-cruthachail

Air ar n-aodainn neo-amharasach

A MOUNTAIN

I found
myself in a dream
standing in front of a mountain,
the eternal everlasting mountain
and here's me eyeing it, the mountain with
snowy depths

and I thought
there was a grimace
on its face, an unpleasant one,
a grimace that remained of years long past and
I thought that this would be my end, this hardened, merciless
mountain

how
could I
possibly get past it?
how could I ever reach
its summit? how could I ever
break through it? and at that very minute, I
understood that I am a little part of that far mountain

BEINN

fhuair
mi mi-fhìn ann
am bruadar 'nam
sheasamh mu choinneimh
beinneadh, a' bheinn buan gu bràth is
mi 'coimhead oirre, a' bheinn leis an t-sneachd
dhomhainn oirre

agus
shaoil mi
gu robh gruaim oirre,
gruaim neo-thaitneach
oirre, gruaim nam bliadhnaichean
a dh' fhan ach tha 'nist fada bhuainn is smaointich
mi-fhìn gura b' e mo chrìoch, a' bheinn gharbh mhì-
thròcaireach
seo

ciamar a
rachainn seachad
oirre? ciamar a dhìrichinn-sa i?
ciamar a bhristinn troimpe? is 'sa' mhionaid ud
thuig mi gur e pìos beag dhen bheinn ud thall a th' unnam

A LIBERATING DREAM

I had a liberating dream last night
Where I was dreaming that I died
And I went across to the other side;

And I thought all the time I was in the land of the dead
That the relationships that I had
When I was alive on earth
Would be there
But as easy as pie;

And in this process
I learned
That the same relationships were there
Though pain and disappointment and anger were not felt;

But the same challenges regarding love, contentment,
    happiness and life's purpose
When I was alive
Were before me all the time that I was over
In the Land of Eternal Youth;

And since it was a dream and I was able to,
I made up my mind,
To return to the land of the living,
To spend a little more time on these things,
In order to be certain that I was truly working on them;

BRUADAR-FUASGLAIDH

Bha bruadar-fuasglaidh agam a' raoir
Far a' robh mi 'nam bhruadar is dh' eug mi
Agus chaidh mi thairis
Air an taobh eile;

Is smaointich mi cho fad 's a bha mi 'san t-sìth
Gum biodh an càirdeas a bh' agam ann
Nuair a bha mi beò air an talamh
Ach cho furasda 's a ghabhas;

Is 'sa' rathad seo
Dh' ionnsaich mi
Gu robh an t-aona chàirdeas ann
Ged nach rachadh dòruinn no milleadh-dùil no fearg
    fhàireachdainn

Ach bha na h-aona dùbhlain a thaobh gaoil, toil-inntinn, sìth-
    inntinn is rùn na beatha
A bha agam nuair a bha mi beò
Romham cho fad 's a bha mi thall
Ann an Tìr nan Òg;

Is a chionn 's gura b' e bruadal a bh' ann
Agus gur b' urrainn dhomh
Rinn mi suas m' inntinn
Thilleadh gu tìr nan daoine maireann
Gus beagan ùin' eile a chur a-staigh air na rudan seo
Gus a bhith cinnteach gu robh mi ann an dà rìribh ag obair
    orra

CULLODEN

O Culloden,
How long have I now thought of you,
And what could have been done,
Had I been on your bloody field;

And the questions, "What if?" stream in...

Were my own people in the centre of the fray?
If only the high ground was with the Highland Army...
If all the Gaelic chiefs were out with the Prince...
If there were reinforcements from France...
If there was support from the Lowland Jacobites...
If the Gaels had enough provisions...
If there wasn't a night march on Nairn...

But none of these things happened,
And the narrative of your place
In history went to William "The Butcher,"
And the British Empire

So like that,
You are still there,
With us,
Like a bad dream;

Leaving us wanting,
With tales,
And lies,
And half truths;

But I pray that the day will come
when we accept the truth;

That you were a horrendous battle

Without a winner

CÙL-LODAIR

O Chùil-Lodair
Cho fad 's a smaointich mi ort
Is dé rachadh dèanadh
Na' robh mi air do bhlàr fhuilteach;

Is na ceistean "gu dé na' robh" a bhios a' sruthadh a-staigh...

A' robh mo mhuinntir-fhìn ann an teis-mheadhon na catha?
Na' robh an tìr uachdarach aig an arm Ghàidhealach...
Na' robh cinn-chinnidhean nan Gàidheal uile a-muigh
    còmhla ris a' Phrionns'...
Na' robh cùl-chuideachd ás a' Fhraing...
Na' robh a' luchd-taic, na Seumasaich ás a' Ghalltachd ann...
Na' robh stòras gu leór aig na Gàidheil...
Mur a' robh marsadh na h-oidhche ud gu Nàrann

Ach cha do thachair gin dhe seo,
Is chaidh stòraidh do dhùthcha'
Ann an eachdraidh gu Uilleam "am Feòladair,"
Agus Ìmpireachd nam Breatannach;

Is mar sin,
Bidh thu ann fhathast,
Còmhla rinn,
Mar dhroch-bhruadar;

'Gar fàgail ann an dìth,
Le fionnsgeòil,
Is briagan,
Is leth-fhìrinn;

Ach guidhidh mise gun tig a' là
nuair a ghabhas sinn
ris an fhìrinn

Gura b' e cath uamhasach a bh' unnad

Gun bhuadhair

A CUP OF TEA

You were with me in my dream
last night,
you on the high hill above Inverness
with the fairy people of the history of the place
about you;

Looking back
a great country was viewed
stretched out
across distances
and divisions
that received an unfinished curing;

And like the miner
that waits for light of the surface,
you looked out over the expanse
and you hoped for the resurrection of the tradition
that was lost,
the language that went out of hearing,
the humour that is now so scarce;

And in this dream
against the uproar of this new world,
with all its convenience and freedom and riches,
you turned around,
and you sat in the rocking chair that was located in the
earth, your foundation
and you drank a damn good cup of your people's boiled black
    tea;

As you gazed upon the blueness of
the lake that licked upon your legs;

CUPA DE THÌ

Bha thu leam 'nam bhruadar
a' raoir
is tusa air cnoc àrd air chùl An t-Sìthein
le sìthichean eachdraidh an àite
mu do thimcheall

A' coimhead air a' chùl
chunnacas
an dùthaich mhór
air a sìneadh
thar nan astaran
thar nan sgaraidhean
a fhuair leighis
neo-chrìochnaichte

Is coltach ris a' mhèinneadair
a dh' fheitheas air solust an uachdair
choimhead thu a-mach air a' mhór-mheud
is bha thu 'n dùil ri aiseirigh an dualchais
a chaidh air chall
a' chànain a chaidh a-mach á claisneachd
an àbhachd a-nist 'na gainnead

Is 'sa' bhruadar seo
an aghaidh ùpraid an t-saoghail ùir seo
le a ghoireas, is a shaorsa, is a bheartais
thionndaidh thu air adhart
is shuidh thu sìos ann a' seidhir-tulgaidh
a bh' anns an talamh
a bha 'na bhun-stéidh dhut
agus ghabh thu
fìor dheagh chupa de thì dhuibh na muinntir agad air a goil;

Fhad 's a bha thu 'coimhead air
a' ghorm a bh' air a' loch
a bha 'g imlich do chasan

NOVA SCOTIA GAELIC INTERJECTIONS

Yes,
Yup,
There you have it;

That's it,
That's it;

Way to go,
Way to go,
Well done;

Good boy you,
Good boy you,
Good boy yous;

'Sa' Boy,
'Sa' Boy
'Sa' Boys!

There you are
There you are

There you have it there
There you have it there

That's, that's!

That's right,
Yes sir;

Nevertheless

I'm done

And
And
And

This is done too!

GAIRMEAN GÀIDHLIG NA H-ALBANN NUAIDH

'S e
'Sh e
Shin agad e

Sin e
Shin e

Sin thu
Shin thu
'S math a rinn thu!

Sin thu-fhéin!
Shin thu-fhéin!
Sin sibh-p-fhéin!

Sin thu-fhéin!
Shin thu-fhéin!
Sin sibh-p-fhéin!

Sin agad
Shin agad

Sin agad e
Shin agad e

Sin agad e sin
Shin agad e sin

Sin, sin!

Seagh
Sheagh

Neo-ar-thaing

Tha mi réidh

Agus,
Is,
'S,

Tha seo réidh!

HEATH LEDGER

Icons were already put up
to remember you
to keep and preserve you, young, handsome, without
    blemish;

And the praise is pouring in

From every corner
as is usual
every contemporary of yours
will praise all that you did
saddened by this,
referencing all that you could have been;

And every word you ever uttered
will be investigated
to see if a link can be made
between this and your death;

You damn well know

That you got far more sleep
when you were alive, energetic,
somewhat unknown, surrounded by a little mystery

Than you will ever receive
moldering away now in the clay;

With incompassionate crows
picking at you

Plundering the bits of your life
that were put together

From a poor shadow of your essential self

HEATH LEDGER

Chaidh ìomhaighean a chur suas mar thà
do chuimhneachadh
do chumail is do ghléidheadh òg, maiseach, gun smal;

Is tha na molaidhean air sruthadh a-staigh

Ás gach cèarnaidh
is mar bu nòs
bidh gach co-aoiseach a bh' agad
a' moladh na rinn thu
is 'ad fo bhròn leis a' seo,
a' comharrachadh na h-uile
a b' urrainn dhut a bhith

Is théid sgrùdadh a dhèanadh air
a h-uile facal a thuirt thu
feuch gun téid ceangal a dhèanadh
eadar seo agus do bhàs

Agus tha fhios damainte mhath agad-fhéin

Gun d' fhuair thu cadal fada na bu mhotha
nuair a bha thu beò, brìgheil,
caran neo-aithnichte, le beagan dìomhaireachd mu do
      thimcheall
na gheobh thu a chaoidh
a-nist a' cnàimh 'san ùir

Le fithich mhì-thruacanta
a' piocadh ort

A' creachadh chriomagan do bheatha
a chaidh an cur ri chéile

Á faileas bochd o d' fhìor bhrìgh-fhéin

YOU ARE THE TONGUE

You are the tongue that feels and speaks and tastes
> You are the tongue that is old and bent and stiff
> You are the tongue that is middle-aged, aging with
> uselessness
> You are the tongue that is young and able, clever,
> lively, surprisingly adaptable with opportunity and
> chances

You are the tongue that spoke a language behind the backs of
> children
> In front of fires and kitchens and lofts
> So that they would not understand your portion of
> history:
> The fear and shame you were made to feel and
> accept

You are the tongue that speaks a language that is searched
> and dug for
> You are the tongue that is easy and free and open
> You are the tongue that has taken upon yourself
> complex questions
> You are the tongue that has learned a little,
> insignificant language

You are the tongue that took this language out of hiding
> You are the tongue that demonstrated to the
> unfamiliar this value
> You are the tongue that was silenced by the familiar
> and the unfamiliar
> You are the tongue that bore the harsh blows of a
> people who did not understand

You are the tongue that suffered this people's ignorance
> You are the tongue that was mocked
> You are the tongue that was deceived and plotted
> against
> You are the tongue that suffered the fictitiously-bent
> stories of your heritage

IS TUS' AN TEANGA

Is tus' an teang' a lasas, a dh' fhairicheas, a bhruidhneas, a
      bhlaiseas
    Is tus' an teang' a tha sean is cam is rag
    Is tus' an teang' a tha meadhon-aoiseach
    a' fàs sgìth gun mhóran sgoinn unnad
    Is tus' an teang' a tha òg is foghaineach, tapaidh,
    sgairteil, gu h-iongantach sùbailte le cothrom is
      seansaichean

Is tus' an teang' a bhruidhinn cànain air cùl dromannan
      chloinneadh
    air beulaibh teintean is ann a' cidsinean is air
      lobhtaidhean
    gus nach tuigeadh 'ad do chuid eachdraidh is
      dìomhairean: an t-eagal is an
    nàire a thugadh ort faireachdainn is an gabhail riutha

Is tus' an teang' a bhruidhneas cànain a tha air a lorg is air a
      cladhadh
    Is tus' an teang' a tha saor, éasgaidh, fosgarra
    Is tus' an teang' a ghabh ort-fhéin cuspairean ioma-
      fhillte
    Is tus' an teang' a dh' ionnsaich cànain bheag
      bhìodach

Is tus' an teang' a thug a' chànain seo a-mach á falach
    Is tus' an teang' a sheall do dhaoine air an taobh a-
      muigh an luach seo
    Is tus' an teang' a chaidh a chur 'nad shàmhchair le
      daoin' aig a' robh aithne is
    aig nach robh
    Is tus' an teang' a ghiùlain ath-bhualadh beumach
      dhaoine nach b' urrainn tuigsinn

Is tus' an teanga a dh' fhuiling aineolas nan daoine seo
    Is tus' an teang' air an deach magadh a dhèanadh
    Is tus' an teang' air an deach foill a dhèanadh
    Is tus' an teang' a dh' fhuiling claon-sgeul lùbte an
      dualchais agad

You are the tongue that accepted this people's words
on the value of your speech: some of these you
knew well

You are the tongue that tried again
You are the tongue that started anew
You are the tongue that preserved your language and
folklore
You are the tongue that let it go

You are the tongue that ceased
You are the tongue that broke down
You are the tongue that quit
You are the tongue that didn't quit

You are the tongue that waits, ready...

Is tus' an teang' a ghabh ri faclan nan daoine seo a
    thaobh luach do chainnt: feadhainn air a' robh
    thu glé eòlach

Is tus' an teanga a dh' fheuch a-rithist
    Is tus' an teang' a thòisich ás ùr
    Is tus' an teang' a ghléidh do chuid chànain is bheul-
        aithris
    Is tusa an teang' a leig air falbh i

Is tus' an teanga a stad a' gluasad
    Is tus' an teang' a bhrist sìos
    Is tus' an teang' a sguir
    Is tus' an teanga nach do sguir

Is tus' an teanga a dh' fheitheas, réidh...

NOVA SCOTIANS

O Premier Danny Williams, a report of your bitter speech
about us put a thought in my mind...

If a mixture of the languages and cultures and experiences of
Nova Scotia's people could be made...what would there
be?

We who stand: In face of policies that have affected our quiet
well being since our beginning

We who stand stoic: Forbearing the news of the death of our
fisherfolk and miners

We who stand: Certain of our place without having to let on
that we are anything but residents of a small province

We who stand: Irreverently humble in the face of subjection,
authority and hatred

We who stand: Faithful to our duties but now and again weak
in practicing them

We who stand: Traditional, maintaining the rhythms of our
people

We who stand: Honouring those who went before,
admitting that not enough of their legacy has been
maintained
giving less of a future to the past

We who stand: Politely critical

We who stand: Unsuspicious, open to accepting the stranger

We who stand: Interested in what is happening in the world,
knowledgeable of it,
and contented to be located on its edge

MUINNTIR NA H-ALBANN NUAIDH

A Phrìomhaire Dhòmhnuill 'ic Uilleim
chuir iomradh do chainnt bhioraich
mur déidhinn
a' smuain seo 'nam inntinn

Nan rachadh do mheasgachadh theangannan,
chultaran, fhéin-fhiosrachaidhean mhuinntir
na h-Albann Nuaidh a dhèanadh
gu dé a bhiodh ann?

Sinn' a sheasas: An aghaidh phoileasaidhean iom-shiùbhlach
        a bhuin d' ar piseach ciùin bho ar tùs

Sinn' a sheasas stòlda: Fulangach le naidheachd bàs ar n-
        iasgairean is ar méinneadairean

Sinn' a sheasas: Cinnteach ás ar n-àite gun a bhith a' leigeil
        oirnn
nach e rud sam bith eil' a th' unnain ach
muinntir a tha 'fuireach
ann an ceàrnaidh bhig bhìodaich

Sinn' a sheasas: Iriosal gu neo-dhleasnach
an aghaidh cumhachd is smachd is mì-rùin

Sinn' a sheasas: Dìleas dh' ar dleasnais
ach corra uair lag ann an cleachdadh

Sinn' a sheasas: Seann-nòsach
a' gléidheadh ruithimean ar muinntir

Sinn' a sheasas: A' toirt urram dhan fheadhainn a dh' fhalbh
ag aideachadh nach deach tuilleadh dhen nòs a bh' aca a
        ghléidheadh
a' toirt nas lugha dhen àm ri teachd dhan àm a dh' fhalbh

Sinn' a sheasas: Gu modhail beumach

We who stand: Constant in our crags and banks in the face of
  the great round ocean

We who stand: Perpetually looking out to sea
To the sea that gives, the sea that steals
Longing, prepared
To face bitter weather

We who stand: Patiently impatiently
Concerning promises
Made
And impulsive speech

We who stand: Gossiping about the work and exploits of the
  people of our community

We who stand: Hospitable, quick to give welcome to friend
  and stranger who visit us

We who stand: Steady often without the riches and
  advantages of others

We who stand: Tall, unshaking, impervious

Sinn' a sheasas: Gun amharas, fosgarra,
a' gabhail ris a' choigreach

Sinn' a sheasas: A' gabhail sùim 's na tha tachairt 'sa'
    chruinne-ché,
fiosrach air an t-saoghal,
riaraicht' a bhith air ar faighinn air 'iomall

Sinn' a sheasas: Bunaiteach
Le ar coirichean
Is ar bruthaichean
mu choinneimh
a' chuain mhóir chruinn

Sinn' a sheasas: An còmhnaidh a' coimhead a-mach ri muir
ris a' mhuir a tha 'toirt dhuinn, muir a tha 'goid bhuainn
déigheil, riaraichte,
aghaidh ri sìde shearbh

Sinn' a sheasas: Gu foighidneach mì-fhoighidneach
a thaobh geallaidhean
a chaidh a dhèanadh
is cainnt bhragach

Sinn' a sheasas: Cabach air gnìomhan
is obair muinntir na coimhearsnachd againn

Sinn' a sheasas: Fialaidh, luath a thoirt fàilte do choigreach
    agus charaid a nì céilidh oirnn

Sinn' a sheasas: Stéidheil
gu tric gun bheartais is ghoireasan chàich

Sinn' a sheasas: Gu h-àrd

Gun cheum cugallach

Neo-stéimhidh

A PIECE OF CAKE

Reading this morning
A little bit of the history of the Celtic peoples
That were once dominant
Throughout Europe
Before the coming of the Romans

And I made a comparison between that history
And a piece of cake

After being conquered
And routed
Now found
On the edge of Europe
The Celtic fringe
As they call it today;

And the history that is so complex,
The Rise of Gaelic civilization from Ireland
Who took the Gaelic language to Scotland
The establishment of a Gaelic kingdom in Scotland
The Anglicization of the court of the Scottish Kings
Nearly one thousand years ago;

The Lordship of the Isles
And a golden age of Gaelic language and culture in Scotland
The division of Scotland, North and South
Conquering of the political system and culture of the Gaels
Massive influence of the language and culture of the English
      and Scottish Lowlanders

The three Gaelic uprisings
The last gasp at Culloden
The eviction of the Gaels
The coming to the New World
The British System encountered yet again
In places like Nova Scotia;

PÌOS CÉIC

A' leughadh 'sa' mhaduinn an diugh
Beagan de dh' eachdraidh an t-sluaigh
Cheiltich
A bha uair ceannasach
Anns a' Roinn Eòrpa
Mus d' thàinig na Ròmanaich

Is rinn mi coimeas eadar an eachdraidh sin
Agus pìos céic

As deoghaidh an ceannsachaidh
Air an cur an ruaig
A-nist air am faighinn
Air iomall na Roinn Eòrpa
'Sna h-iomallan Ceilteach
Mar a dh' abrar riu'

Agus an eachdraidh a tha cho fillte
Éirigh nan Gàidheal ás Éirinn
A thug a' Ghàidhlig gu Alba
Stéidheachadh rìoghachd Ghàidhealaich ann an Albainn
An tionndadh gu Beurla ann an cùirt rìghrean na h-Albann
O chionn faisg air mìle bliadhna;

Triath nan Eilean
Aois-spéis cultar agus cànain nan Gàidheal ann an Albainn
A' sgaradh eadar Alba a' chinn a tuath
Agus Alba a' chinn a deas
Ceannsachadh cultar agus siostam poiliteagach nan Gàidheal
Buaidh cànain agus cultar Sasannaich is Deasaich na h-
    Albann

Éirigh nan Gàidheal trì triopan
Is an uspaig mu dheireadh aig Cùl Lodair
Na fuadaichean;
An tighinn dhan t-Saoghal Ùr
Siostamannan nam Breatannach air am faighinn a-rithist
Ann an àiteachan mar Albainn Nuaidh

And after more than two thousands years
Trying to explain our Gaelic legacy
Through generations and thickness of history
In this here corner in Eastern Nova Scotia
In the year 2008
In a workshop or other
Someplace in this province

And that image came to my mind again
A piece of cake;

And how complex it is,
And also how difficult to cut
Into pieces that someone might possibly consume;

Is as deoghaidh còrr is dà mhìle bliadhna
A' fiachainn ri bhi 'mìneachadh
Na dìleib Ghàidhealaich againn
Troimh ghinealaichean is tiughad na h-eachdraidh
'Sa' chèarnaidh seo ann an taobh an ear na h-Albann Nuaidh
'Sa' bhliadhna dà mhìle 's a h-ochd
Ann am bùth-obrach air choireigin ann an àiteigin
'Sa' mhór-roinn seo

Thàinig an iomhaigh ud 'nam inntinn a-rithist
Pìos céic

Is cho ioma-fillte 's a tha e
Is cho doirbh a bhith 'ga ghearradh cuideachd
Ann am pìosan a dh' fhaodadh do chuideigin 'ithe;

THREE EAGLES

When I walked out to the backfields
this one Thanksgiving Day

Though it was a bright sunny day
I could see the moon

And high up in the air
three eagles flew

And their wings were so large
that they blotted out the sun

Powerful, stocky,
vast wings sweeping

Bits of the firmament out of their
way

And though their sharp, piercing eyes
marked me

They made no harm
and kept on their way

As is their nature, they pursued their prey

And though it was a bright beautiful day
I could still see the moon

TRÌ IOLAIREAN

Nuair a choisich mi a-mach chun a' chùil
féill Là a' Bhuidheachais seo

Ged a b' e là soilleir grianach a bh' ann
b' urrainn dhomh a' ghealach 'fhaicinn

Is àrd 'sna speuraibh
dh' itealaich trì iolairean

Is cho mór 's a bha na sgiathan aca
bha 'ad a' dubhadh a-mach na gréine

Làidir, foigheanach,
ìteagan farsaing a bha 'suathadh

Criomagan na h-iarmailt air falbh
ás a' rathad aca

Is ged a bha na sùilean geur, biorach aca
'gam chomharrachadh

Cha d' rinn 'ad cron orm
is chum 'ad orra

Is mar bu nòs dhaibh shirich 'ad an cuid creich

Is ged a b' e là briagha, soilleir a bh' ann
B' urrainn dhomh a' ghealach 'fhaicinn fhathast

BELFAST LOUGH

I went to your lough
To find
A little crumb
Of the history
That was in you and on you
And about you

And I didn't find a thing
And I saw nothing

But a big blue pool
Full of ships and boats
And water

MY FATHER'S SWAY

Just now I am thinking of my enemies
that are not far from me

Trying to grab onto them
with my bare hands in my mind's eye;

And love them
in place of hate or bitterness

To get over
the words and ways
in which I have been dealt with

And at that very moment
I realized that
I was swaying ·
back and forth

Just like you do
when you go
to watch over
your beloved cattle;

LOCH BHÉAL FEIRSTE

Chaidh mi dhan loch agad
airson faighinn
criomag bheag
dhen eachdraidh a bha unnad is ort
is mud' chuairt

Agus cha d' fhuair mi sion is
chan fhaca mi pioc

Ach linne mhór ghorm
làn luingean is bhàtaichean
is uisge

TURRABAN M' ATHAR

'S mi an dràsd' a' smaoineachadh air
na naimhdean agam
nach eil cho fada bhuam

A' fiachainn ri 'n glacadh
'na mo làmhan-fhìn ann a' sùil m' inntinn

Is gaol a thoirt dhaibh
ann an àite gràin no searbhachd

A bhith a' faighinn seachad air
na faclan is na dòighean
anns an do dhéilig 'ad rium

Is a' cheart mhionaid
thug mi 'n aire gu robh
mi air turraban
air ais is air adhart

Coltach riut-fhéin
nuair a théid thu 'choimhead
air a' chrodh mhùirneach agad

ON THE EDGE

I walk on the edge of the earth
I walk on the edge of the depths of sorrow
I walk on the edge of the reality of death
I walk with the stream of life
I walk with confused joy
I walk on the bend of the eternal round world

DR. PHIL

I was out of sorts
with the condition of our language
and as to what we could do about it;

And similar to everyone else I see
these days,
I went to Dr. Phil,
with his slogan, "Just Do It,"
in order to get a prescription for the situation;

But alas, he couldn't understand
a word I said

AIR A' BHIOR

Coisichidh mi air bior an t-saoghail
Coisichidh mi air iomall a' bhròin domhainn
Coisichidh mi fo sgàil a' bhàis fhìor
Coisichidh mi le sruth na beatha
Coisichidh mi le aighear ùpraideach
Coisichidh mi air lùib na crùinne gu bhith-bhuain

AN DOTAIR FIL

Bha mi air mo chur troimh-chéile
le suidheachadh na cànain againn
is gu dé b' urrainn dhuinn dèanadh
m'a déidhinn;

Is coltach ris a h-uile duin' eile
a tha mi 'faicinn 'sna lathaichean 's,
chaidh mi gu Dotair Fil
leis an t-sluagh-ghairm aige, "Dèan-fhéin e"
gus òrdugh-cungaidh 'fhaighinn
air a son;

Ach mo thruaighe, cha b' urrainn dhà tuigsinn
facal a thuirt mi

MY HOUSE

This day, I am walking around outside my house,
And I looked on it inquisitively;

And noticed how well put together it is,
attractive, beautiful like a house you see in the magazines;

I realized how well shaped it was
on the outside;

And indeed how fortunate and blessed I am to be living in it;

But just like myself,
when I went inside the door,
it was complex, raw and unfinished;

DESTINY

I read in your holy book,
that there is a destiny for every person in the universe,
that each person's purpose was chosen
long ago
before they were born;

And as quickly as I put your wise book down,
the cover closed instantly,
and I lost the page

AN TAIGH AGAM

Là a bha seo is mis' a' coiseachd mun cuairt
air taobh a-muigh an taigh' agam
choimhead mi air gu ceasnachail;

Is thug mi an aire gur ann air a chur air dòigh 's a bha e,
àillidh, briagha mar thaigh a chìtheadh tu 'sna h-irisean;

Mhothaich mi cho cruinneil 's a bha e,
air an taobh a-muigh;

Gu dearra, is mi a tha fortanach is beannaicht' a bhi 'fuireach
    ann;

Ach coltach rium-fhìn,
nuair a chaidh mi a-staigh air an dorust,
bha e ioma-fhillte, amh, neo-chrìochnaichte;

DÀN

Leugh mi 'sa' leabhar naomh agad,
gu bheil dàn ann airson gach duine 'sa' chruinne-ché,
gun deach rùn aig gach duin' againn
a thaghadh o chionn ùine mhóir,
mus deach a bhreith;

Is cho luath 's a chuir mi a' leabhar fiosrach agad sìos,
dhùin a chòmhdachan 'sa' bhad,
agus chaill mi an duilleag

YOUR SIGN

A little sign with your name written on it;

A little piece of your life's history,
now used
to keep the bitter wind
out of the barn
where your father
keeps
his heart's treasure;

And this sign kept up with bailer twine
and nails
with the gleaming colour of the sun
illuminating it;

And this sign so dirty, worn, an aged piece of art
and in its condition
the most beautiful thing you've ever seen;

DO SHOIGHN

Soighn bheag le d' ainm air a sgrìobhadh oirre;

Pìos eachdraidh do bheatha,
a-nist air a cleachdadh
a bhith 'cumail an t-soirbheis gheir
ás an t-sabhal mhór,
far a chumas d' athair
stóras a chridhe

Is an t-soighn seo air a cumail suas le ròp is
tarragan le dath boillsg na gréine
'ga soillearachadh

Is an t-soighn seo salach, caithte, 'na pìos ealain aosda

Is 'sa' staid aige rud cho briagha 's a chunnaic thu 'riamh

STUTH-CRIDHE

HEARTMATTER

An dìochuimhnich thu
an duine a tha thu 'smaoineachadh
a th' unnam 'san dearbh mhionaid seo?

Could you forget for a moment
The person that you think I am?

YOUR WAKE

I went to your wake the last evening
and I saw you in your coffin
so beautiful, silent, still
as I had remembered you

And I was so nervous
because I believed that everyone
would know me

Wondering, "What in the name of God
is he doing here?"

I grew close to you
I looked upon your remains
with life and without
and then I left

And to my surprise
not one person
that was gathered in the house
paid any attention to me

They were all busy, scurrying
to find out
what each other's news was

And I left you
happy that I had seen
you one last time

But the thing is
it seems that you die
every week
and as is usual and customary
I will go to the wake

Happy to see you again
and full of nerves

D' FHAIRE

Chaidh mi dhan aire agad a' raoir
agus chunnaic mi thu 'nad chiste
cho briagha, socair, ciùin
mar a bha cuimhn' agam ort

Is mise a bha cho iomagaineach
a chionn 's gun do chreid mi
gum biodh aithne aig a h-uile duine
orm

A' saoilsinn, "Gu dé an ainm a Dhia,
a tha esan a' dèanadh a' seo?"
thàinig mi faisg ort
is chuir mi sùil air do chorp
gun bhrìgh ach làn
is dh' fhalbh mi

Is dha m' iongantas
cha d' thug duine sam bith
a bha cruinn 'san taigh
feairt orm

Bha 'ad uile trang, 'nan drip
airson faighinn a-mach
ciamar a bha gnothaichean le a chéile

Is dh' fhàg mi thu
toilichte gun do chuir mi sùil ort
aon triop eile

Ach rud a th' ann
tha e coltach gum bi thu 'g eugachdainn
a h-uile seachdain
is bidh mise 'dol dhan fhaire
mar bu nòs is mar a b' àbhaist dhomh

Toilichte d' fhaicinn a-rithist
is làn iomagain

GREENHORN

Thinking of you tonight, O great hero;

Honouring your greatness and your victories
as my thoughts run
across the vast Atlantic that sits between us;
between Lower Sackville and Sleat

But musing on the similarities
that exist between us as well;

The both of us
on the edge of the earth,
near sea and harbour and shore;

Maritime weather,
rain and fog
the rising heavy wind of the ocean;

And the attraction of the poetry of the Gaelic language;

And the impulsivity that comes with it;

And now a changing wind
blows from the creative thoughts
that each of us possess

And here's me a greenhorn,
trying as hard as I can,
to keep my hand on the sails,
that you put to the wind in oceans
already sailed by your boat,
on a beautiful, essence-filled, meaningful tide;

Without any knowledge of those swimming
in the wake of your course

FEAR COIMHEACH

A' smaoineachadh ort
a-nochd, a laoich;

Ann an urram na mórachd is na buadhannan
agad

Mar ruitheas na smuaintean agam
thar a' chuain mhóir a th' eadarainn
eadar Lower Sackville agus Sléite;

Ach a' studaigeadh air a' choltas
a th' eadarainn cuideachd;

An dithist againn
air iomall na talmhainn
teann air muir is cala is cladach;

Tìde oirthireach
uisge is ceò,
éirigh an t-soirbheis mhóir ás a' chuan;

Is tarruing bàrdachd na Gàidhlig;

Is a' spreigearras a thig còmhla rithe;

Is a-nist gaoth-atharrachaidh,
a shéideas ás na smuaintean
chruthachail a th' aig fear a chéile

Is mise 'nam fhear choimheach,
a' fiachainn cho cruaidh 's a b' urrainn,
ri mo làmh a chumail air na siùil
a chuir thu ris a' ghaoith 'sna cuaintean
far an do sheòl thu do bhàta cheana,
air làin beatha, brìghmhor agus ciallach,

Gun fhios gu bheil feadhainn a' snàmh
ann an uisge na stiùraich agad

THE CLEANING

Little by little,
as the ice melts
every spring,
in the strait
between the Red Island,
and the northern coast of Nova Scotia

I am understanding,
why you re-appeared again,
in my life;

You without a word said,
after so much time past
so quiet, tranquil,
gorgeous, beautiful,
in your usual unobtrusive way;

You came across time and place
from the world of memories;

And you knocked on my door
and I let you in;

And you stayed,
all the while as I broke down,
and was thrown to the cold reality of the earth,
where I relived every piece of our loving;

But this very morning, grey and cool,
I read the words of Rumi,

Saying to me,
that you appeared again,
in order to cleanse me,
and sweep me clean anew;

For some new joy or other;

AN GLANADH

Beag air bheag mar a leaghas
an deigh mhór,
gach earrach,
'sa' chaolas,
eadar an t-Eilean Dearg,
agus còrsa na h-Albann Nuaidh a' Chinn a Tuath;

Tha mi 'tuigsinn,
mar a nochd thu
a-rithist
'sa' bheatha agam;

Thusa gun ghuth ri ràdhainn,
cho fad air falbh,
cho socair, ciùin,
greadhnach, briagha,
'san dòigh mhì-shàithtich agad
mar a b' àbhaist;

Thàinig thu thar tìm agus àite,
á saoghal na cuimhne;

Is ghnog thu air an dorust agam
is leig mi a-staigh thu;

Agus dh' fhuirich thu,
fhad 's a bha mi 'bristeadh sìos,
is chaidh mo thilgeil sìos
air talamh fhuar na fìrinn
far an do dh' ath-bheothaich mi,
a h-uile pìos dhen ghaol a bh' againn;

Ach a' mhaduinn ghlas mhì-bhlàth a bha seo,
leugh mi na faclan aig Rumi,
ag ràdhainn rium,
gun do nochd thu ás ùr,
gus mo ghlanadh is
mo sguabadh ás ùr;

Airson aoibhneis ùir
air choireigin;

THE UNICORN

How ironic is the Unicorn of which you sing,
and my loss,
when I saw,
the video that was made about its story;

The beautiful Unicorn I lost,
just as your Cuba lost its beauty,
its freedom, its soul, its joy, its hope

It is the same loss;

The same pain, the same hurt;

And as long as this loss exists between us,
Then we are the same in essence, united;

I rise with you to sing your sincere, profound, truthful words;

Mi Unicornio azul ayer se me perdió,
      I lost my blue Unicorn yesterday,

y puede parecer acaso una obsesión,
      And it might seem like a case of obsession,

pero no tengo más que un Unicornio azul
      But I don't have anything else but that blue Unicorn,

y aunque tuviera dos, yo solo quiero aquel.
      And supposing I had two, I only want that one,

Cualquier información la pagaré
      Whatever word as to its whereabouts, I will pay

mi Unicornio azul se me ha perdido ayer,
      My blue Unicorn yesterday went missing,

se fue...
      It went away...

BIAST NA SGROGAIG

Cho ioronach 's a tha Biast na sgrogaig air a bheil thu 'seinn
Agus an call a dh' fhairich mi
Nuair a chunnaic mi
A' bhideo a chaidh a dhèanadh leis a' sgeul oirre

Is Biast na sgrogaig bhriagha a chaill mi
Mar a chaill a' Chuba agad a bòidhchead,
A saorsa, a h-anam, a h-aoibhneas, a dòchas

'S e an t-aon chall a th' ann

'S e an aon phian, an t-aon chràdh

Is cho fada 's a tha an call seo eadarainn
Tha sinn co-ionnan ann am brìgh, aonaichte 'sa' chall seo;

Éiridh mise leat 'sna faclan domhain fhìrinneach an dà-rìribh
    agad:

Mi Unicornio azul ayer se me perdió,
    Chaill mi Biast na sgrogaig ghuirm agam an dé

y puede parecer acaso una obsesión,
    agus dh' fhaodte gu bheil i coltach ri beò-ghlacadh

pero no tengo más que un Unicornio azul
    ach chan eil sion eil' agam ach Biast na sgrogaig ghuirm'

y aunque tuviera dos, yo solo quiero aquel.
    agus ged a bhiodh agam a dhà, chan eil bhuam ach an té sin

Cualquier información la pagaré
    Gu dé a' fiosrachadh a th' oirre, pàighidh mise i

mi Unicornio azul se me ha perdido ayer,
    Chaill mi Biast na sgrogaig ghuirm' agam an dé

se fue...
    chaidh i air falbh...

LOVE SPOOK

I looked out the window today
And you were there,
With me,
One more time;

You don't want to leave;

And this goes on every day;

And I am trying to understand why;

And though I speak to you every day;

You never respond;

Perhaps that alone is the simple message
of your presence

BÒCAN A' GHAOIL

choimhead mi a-mach air na h-uinneagan an diugh
agus bha thu ann,
còmhla rium
triop eile;

chan eil thu airson fàgail;

agus bidh seo 'dol
a h-uile là;

is mi 'fiachainn ri thuigsinn
carson;

is ged a bhruidhneas mi riut
gach là

cha fhreagair thu a chaoidh;

dh' fhaodte gur e siod fhéin,
teachdaireachd mhì-fhillte do làthaireachd;

LIMITED PIECES

I would like to meet with you again
one day,
where there is nothing between us,
but the awareness of one another;

Far away from the field of memory,
where there aren't,

Memories
Experiences
Beliefs
Judgements
Pre-meditations
Or feelings

And there we can meet again

Since I would like to give, the pieces of you,
that do not completely constitute any of those above,
that I have been keeping so close to me,
for so long,
back to you

CRIOMAGAN BEAGA

Bu mhath leam coinneachadh riut
là air choireigin,
far nach eil sion sam bith ann eadarainn,
ach an t-eòlas air ré an duin' eile;

Fad air falbh o' phàirc a' chuimhne
far nach eil

Cuimhnichean
Féin-fhiosrachaidhean
Creideamhan
Breitheanais
Beachdan a bh' ann roimhe
No faireachdainnean

Is a' sin faodaidh sinn coinneachadh a-rithist

A chionn 's bu mhath leam na criomagan dhìot
nach dèan suas gu h-iomlan gin dhen fheadhainn gu h-àrd,
a tha mi 'gléidheadh cho dlùth dhomh,
fad an t-saoghail,
a thoirt air ais dhut

GOING WESTWARD

Going Westward in the dead of winter
To Red Deer
Or McMurray
Or Slave Lake
Or Vancouver far from here;

And God
The pain I felt
When I put my foot on that plane
With the memories of your countenance on my mind;

Distracted from the thing by my memory;

A livelihood; that's the thing,
I have to keep in mind
That that is the thing;

To pay the bills
That's it
Anyway; I'll have work;

Something steady
You know how it is;

And I'll return every three weeks
And I'll have seven days
For you
Two to travel back and forth
And five at the house
That we built long ago
When dreams were perhaps
Not cheaper but more grounded in the here;

Change and leaving is nothing new
But to keep the ties strong
When that's all we had before
That is all together in itself a change;

DOL AN IAR

Dol an Iar ann an teis-mheadhon a' gheamhraidh
Gu Bail' an Fhéidh Dheirg
No Dùn 'ic Mhoirich
No Loch nan Tràillean
No Vancouver fada bhuainn

Is a Dhia-fhéin
Ach a' phian a dh' fhairich mi
Nuair a chuir mi cas air a' phleana
Le meomhraichean ur gnùis air m' inntinn

Mo chuimhn' a' toirt an aobhair bhuam;

Beò-shlàinte, shin agad e
Feumaidh mi cumail 'na mo chuimhne
Gur e sin a' rud;

Gus na billeagan a phàigheadh
Sin e
Bidh obair agam co-dhiubh

Rudaigin stéidheil
Fhios agad

Is tillidh mi a h-uile
Trì seachdainnean
Is bidh seachd lathaichean
Agam dhuibh
A dhà a' siubhal air ais is air adhart
Agus cóig aig an taigh
A thog sinn bho chionn fhad an t-saoghail
Nuair nach robh bruadalan
Na bu shaoire ach
Dh' fhaodte
Nas stéidhichte
Anns an àm làthaireach

Chan e rud ùr a th' ann an atharrachadh no am fàgail
Ach a bhith 'cumail làidir nan ceanglaichean
Nuair nach robh sion eile againn roimhe,
'S e atharrachadh fhéin a th' ann a' sin uile gu léir

But I'll keep you all in my heart
The children
Our real good friends

And I will try
Not to forget
All this that I am leaving
Especially
Who I was
Before I left you;

Ach cumaidh mi sibh uile 'nam chridhe
Is a' chlann
Is ar fìor dheagh chàirdean

Agus fiachaidh mi
Nach dìochuimhnich mi
Seo uile a tha mi 'fàgail
Gu h-àraid
Có bu mhi
Mus do dh' fhàg mi sibh

INTERMISSIONS

I want to tell you
and now the years long past;

That I loved you again in my dream,
and you were as usual
uncertain
as to what you were searching for;

You who were always sorrowfully free, weightless
like a lone bird in the heavens;

Sitting on the step, at the back of the house,
the evening dusk behind you,
the tinge of your shadow etched on my memory in
    perpetuity,
as beautiful as the light on a shining sea;

And though we had three crossroads in this life,
even for a moment you couldn't stop;

And now I've grown older
and greyer, and thicker and sparser up top
and a bit more forgetful,

But from time to time
you come into my dreams
and I wonder what you're up to;

And I stop,
and I wait for you...
as I used to

EADAR-ÀMANNAN

Tha mi airson ìnnse dhut,
is a-nist na bliadhnaichean fada bhuam;

Gun d' thug mi gaol dhut a-rithist 'nam bhruadar,
is tusa mar bu nòs
neo-chinnteach air
gu dé a bha thu 'lorg;

Bha thu an còmhnaidh gu brònach, saor, aotrom
mar ian 'na aonar 'sna speuraìbh;

'Nad shuidhe air a' stairsnich, cùl an taighe,
bial na h-oidhche air do chùl
tha d' fhaileas 'na fhiamh sgriobhte air mo chuimhn' gu
    sìorruidh
cho briagha ris an t-solas air muir-deàrrsaidh;

Ged a bha crois a' rathaid againn trì triopan
eadhon airson greiseig cha b' urrainn dhut fuireach;

Is a-nist tha mi air fàs nas sine,
nas léithe, nas tiugha, nas maoile,
is beagan nas dìochuimhniche,

Ach, bho àm gu àm
bidh tu 'tighinn a-staigh dha m' bhruadalan
is saoilidh mi gu dé tha thu ris;

Is stadaidh mi,
is feithidh mi ort...
mar a b' àbhaist dhomh

SMELLS

The smell of black coffee,
and bacon crackling on the stove
this fragrant morning,
wafting about my nose,

Bringing me back to the land;

The land that raised me,
when I was young, free,
running in the fresh wind of our corner of the world;

Black-brown muck on hands,
the smell of the cattle in the pen
and stanchions;

On clothes
and hair
and in your nostrils;

High rubber boots for the water
of the brooks and the streams
that run across our childhood;

And here's me sitting now
so far away from these earthy things;

And comparing all of this to the smell of the office,
the great empty streets,
the impersonal hotels,
sterile,
clean,
unearthy;

And the coldness and remoteness of urbanity;

And good God in heaven
how, just now,
I am missing the skunks' smell!

FÀILIDHEAN

Fàilidhean a' chofaidh dhuibh
is bacon a' braganaich air a' stobh
a' ceathachadh mu m' shròn
a' mhaduinn chùbhraidh seo;

'Gam thoirt air ais dhan fhearann;

A' fearann a dh' àraich mi,
nuair a bha mi òg, saor,
'nam ruith ann an soirbheas ùr
cèarnaidh an t-saoghail againn,

Poll dubh-dhonn air làmhan,
fàileadh a' chruidh 'sa' bhuaile,
agus 'sa' stàbull;

Air aodaich
agus falt,
'nad chuinneanan;

Botuinnean móra airson uisge
nan alltan agus nam féithean
a ruitheas thar a' leanabais againn;

Is a-nist mise 'nam shuidh
fad air falbh o na rudan ud a bhuineas dhan talamh;

Agus a' cur seo uile 'na choimeas
ri fàileadh
na h-oifis,
nan stràidean móra falamh,
nan taighean-òsda mì-phearsanta,
seasg, glan, neo-thìreil
agus fuachd is céin a' bhaile mhóir;

Agus a Thighearna Mhóir,
an dràsda-fhéin,
mar a tha mi 'g ionndrainn
fàileadh nan sguncaichean!

AN INFREQUENT LAMENT

What would I do if I saw her again?
The most beautiful woman I have ever seen;

With blond hair, blue eyes and skin as fair as gleaming snow;

The short time we had together
It wasn't sufficient;

Do you suppose that she herself remembers me?

Me with her countenance scribed on my memory;

I guess I tried too hard to win her affections;
And the result, that wounded feeling when shot with an
    arrow;

Though I am certain she didn't understand this,
that kiss she gave me on the cheek at the station
was the most bitter one;

And when we met at that restaurant,
I believed that we still had a piece of road to travel,
when she said she couldn't come to this neck of the woods
without seeing me;

But this is all so far away

And past me now

And there isn't much remaining, but a few words, memories
    and the human longing;

And I know that now and again
I have to
lament for both of us;

CUMHA NEO-THRIC

Dé dhèanainnsa na' faicinnsa i?
an té cho briagha 's a chunnaic mi 'riamh;

Le falt buidhe, sùilean gorma is craiceann cho bàn ri
   sneachda glan;

An ùine ghoirid a bh' againn còmhla,
cha robh i gu leòr

Saoil a bheil i fhéin 'gam chuimhneachadh?

Is mise le a gnùis sgrìobht' air mo chuimhne

Tha seansa gun do dh' fhiach mi tuilleadh 's cruaidh ri a
   buannachadh
is a' faireachdainn mar gun deach mo leònadh le saighead an
   toradh

Ged a bha mi cinnteach nach do thuig i seo,
a' phòg a thug i dhomh air a' ghruaidh agam aig a' stéisean
b' e sin an té a bu ghéire

Agus nuair a choinnich sinn aig an taigh bìdh ud,
chreid mi gu robh rathad romhainn ri shiubhal,
nuair a thuirt i nach b' urrainn dhi tighinn dhan chèarnaidh
   seo
gun m' fhaicinn;

Ach tha seo uile seachad a-nist

Is cho fada bhuam

Chan eil móran air fhàgail ach faclan, cuimhnichean, is déigh
   na daondachd...

Agus tha fhios 'm corra uair
gu bheil agam
ri caoineadh airson an dithist againn

HUGE DEBT

He came into the trench
where there was nothing but muck and filth and stench;

And he told me
that he wanted to speak to me
amidst the intermissions
of the guns of hell
that continued on the surface
without cease
without mercy;

I was playing cards with the boys
and I never noticed
that he was in a hurry, unsettled,
wanting to speak to me

He said to me again,
"Walter, I want to speak to you"

I put my cards down
and we went up to the surface

And in the light of the flames and explosions
the German Army
that was only a few thousand feet away from us
was sending
he looked at me in all seriousness
and he said,

"Walter, you know that I go into battle tomorrow"

"They call the place Ypres"
"Yes, I know Danny,"
I replied,
"I'll be at your back"

FIACH MÓR

Thàinig e a-staigh dhan truinnse
far nach robh ann ach eabar agus poll agus droch-fhàileadh;

Agus dh' innis e dhomh
gu robh e airson bruidhinn rium
ann an eadar-àmannan
ghunnachan Ifrinn
a rachadh air an uachdar gun stad
gun tròcair;

Bha mise 'cluich chairtean
leis na gillean
agus cha d' thug mi fos'near
gu robh e ann an cabhaig, anfhoiseil,
airson bruidhinn rium

Thuirt e rium a-rithist,
"A Bhaltair, tha mi airson bruidhinn riut shuas"

Chuir mi mo chairtean sìos
is chaidh sinne suas
dhan uachdar;

Is ann a' solus lasraichean agus
spreadhaidhean an airm Ghearmailteach
ach beagan mhiltean de throighean 'uainn
a' cur 'ugainn
chuir e sùil orm
ann an dà rìribh,
is thuirt e ,

"A Bhaltair, fhios agad gu bheil mi 'dol
dhan bhlàr am màireach,

'S e Ypres a chuireas 'ad air an àite"
"Tha, tha fhios 'm, a Dhoimhgein",
fhreagair mi,
"Bidh mise air do chùl"

"I will be going in early tomorrow morning, Walter," he said

And then my old friend grabbed my arm and he stated,
"Walter, If I get killed tomorrow,
Make sure you give that bar of soap I owe to MacRae"

"Bidh mis' a' dol ann tràth madainn am màireach, a Bhaltair",
   ars' esan

Is chuir mo sheann charaid gréim air a' ghàirdean agam is
   thuirt e,
"Agus ma théid mo mharbhadh am màireach,
Dèan thusa cinnteach gun toir thu a' bhoinneag shiabuinn ud
   aig a bheil mis' ann a' fiachan fhear do Mhic Ràth"

MY SISTER'S WISDOM

I think that you are upstairs asleep now
In the deep darkness of the night
Giving me time
To ruminate
On the contribution you have made in my life

Ruminating on
Your demands,
Impatience,
Organizing of your bags
Your ceaseless story telling,
Your expectation of any event
Months before it actually comes,
Your warm love given without conditions
Your quick open mind,
Unashamed, as large as life
The pop you love
The chips
The chocolate bars
All this and more still;

And through all this you have been teaching me
Me in my imperfect human condition
Always searching, questioning;

And when I went upstairs
To check on you
You were there smiling at me
With your usual smile
And the wisdom of the world
Was on your face;

GLIOCAS MO PHEATHAR

Tha mi 'smaoineachadh gu bheil thu
Shuas 'nad chadal a-nist
Ann a' dubh dorcha na h-oidhcheadh
A' toirt dhomh na h-ùineadh
A mheamhrachadh
Air co-thabhartas do bheatha
'San té agam-as;

A' meamhrachadh air...
Na h-iarrtasan agad,
A' mhì-fhoighidinn,
Eagrachadh nam pòcannan agad,
Na stòraidhean gun stad agad,
Dùil ri féille sam bith agad mìosan
Mus tig 'ad,
Do ghaol blàth air a thoirt gun chumha,
An inntinn-luath, fosgarra agad,
Gu mì-nàraichte follaiseach
An deoch mhilis air a bheil thu ann an gaol
Is na sliseagan
Is na gàdaichean teoclaid
Seo uile is tuilleadh fhathast

Agus troimh seo uile tha thu air a bhith 'gam theagasg
Mise 'nam shuidheachadh daonna neo-choileanta
An còmhnaidh a' lorg is a' cur ceist

Agus nuair a chaidh mi suas
Is sùil bheag a chur ort
Bha thu a' sin a' gàireachdainn orm
Leis a' ghàire àbhaisteach ud
Gliocas an t-saoghail
Air do ghnùis;

INNARDS

I dug you out from the shape of your human body
And I looked at you sincerely;

To see if I could find
Out what was bothering you;

You, lamenting the deeds that you committed
And all your passions
With the hope that you would have another chance
To go back
And put things right;

In order to get some relief
You permitted me to search your insides;

You never uttered a word
When I went in
At ease, peaceful
Somehow content
That you were finally
Getting some attention
For the painful burden you
Were carrying;

And in I went
And I started
And God all mighty if I am not still there
Lost in your complexity;

MIONACH

Chladhaich mi thu a-mach á cruth daonna na bothaig agad
Agus choimhead mi ort gu firinneach

Fiach a gheobhainn a-mach
Gu dé bha 'cur ort

Thusa 'caoineadh nan gnìomhan a rinn thu
Is na mianntan uile agad
Leis an dòchas gum biodh seans' eile agad
A dhol air ais
A chur rudan ceart

Gus faothachadh 'fhaighinn
Leig thu dhomh lorg 'nad bhroinn

Cha d' thuirt thu guth
Nuair a chaidh mi a-staigh
Socair, ciùin,
Is leig thu dhomh do mhionach a bhuntainn

Dòigh air choireiginn
Toilichte
Gu robh thu mu dheireadh thall
A' faighinn air' air an uallach phianail
A bha thu air giùlain

Chaidh mi a-staigh
Is thòisich mi
Is a Dhia nan gràsan nach eil mi fhathast ann
Air chall 'san iom-fhillteachd agad

MY YOUNG BABE

Watching you with your baby in your arms
across the street
a proud father, strong, resolute;

And me walking across the lawn

With my own child under my armpit

Teaching materials and props in order to share the language
    of my forebears
at a class or some workshop or other

And as was custom putting things and dragging things out of
    the car trunk of my life

And the unobtrusive whisper of my child that is taking so
    long to be born   .

Always whispering peacefully

Quietly, patiently in my ear

MO PHÀISDE ÒG

A' coimhead ort le do leanabh 'nad ghàirdeanan
thar na sràide
athair moiteil, làidir, calma;

Is mis' a' coiseachd thar an réidhlein

Le mo chuid phàisde fo m' achlais

Stuth teagaisg is àirneis gus cànain mo shinnsearan
a cho-phàirteachadh aig clas no bùth-obrach air choireigin

Is mar bu nòs 'gan cur is 'gan tarraing á ciste càr mo bheatha

Is cagair mì-liosda mo leanaibh a tha 'gabhail cho fada
ri aiseadadh

An còmhnaidh a' siùrsarnaich gu sìtheil
gu ciùin, gu foighidneach 'nam chluais

A CHANCE

Could you forget for a moment
The person that you think I am?

And allow me a chance to show

That I have changed
That I have learned

That I have been wounded
That I have broken down

That I healed
That I rejoiced

That I lamented

That I shook with belated profound sorrow on your loss

That I was unhappy

That I was cleaned out

That I grew happy once more

And in all these things

That it was me

With the essence of my soul

As it was
When you met me
The first time

And as I still am at this very minute

SEANSA

An dìochuimhnich thu
an duine a tha thu 'smaoineachadh
a th' unnam 'san dearbh mhionaid seo?

Is a' leig thu leam seans'
a shealltainn

Gu bheil mi air atharrachadh
Gu bheil mi air ionnsachadh

Gun deach mo leònadh
Gun do bhrist mi sìos

Gun do dh' fhàs mi slàn
Gun do mhol mi

Gun d' rinn mi caoineadh

Gu robh mi air chrith le dòrainn, ged anamoch, mu d' chall

Gu robh mi mì-thoilichte

Gun deach mo ghlanadh

Gun do dh' fhàs mi toilichte ás ùr

Agus 'sna gnìomhan seo uile

Gur a b' e mise a bh' ann

Le brìgh m' anma

Mar a bha e
Nuair a thachair thu orm
A' chiad triop

Is mar tha mi fhathast 'san dearbh mhionaid seo

PRESERVER

I have thought of you now,
over years of ripples,
and waves of memory,
that lap back and forth,
in my ever active turbulent mind;

Where you lapped up on me,
and where I swerved
to avoid you,
on account of my own fear and weakness
and rejection issues,
leaving myself bobbing
in a confused sea;

But when your gentle caressing washed upon me again
I was ready
for the wake of your lapping-tide,
longing for your touch;

And although it is seldom your tides now rise upon me,
I am grateful for all the beautiful memories of you
that I preserve;

And I embrace your beautiful body,
and your gorgeous face that beguiles me,
when you drift toward me;

And just now,
I tried to make a pliable vessel in my ear
to preserve your warm profound,
sea-surrounded,
murmuring laughter
to float in my hearing,
throughout all eternity;

TÉ-GHLÉIDHIDH

Tha mi air a bhith a' smaoineachadh ort,
a-nist thar bhliadhnaichean de chuartagan,
agus tuinn de chuimhneachadh,
a' suathadh air ais is air adhart,
air drip m' inntinn luaisgich gun stad;

Far an do dh' imlich thu orm,
is far an d' thug mi siabadh
'gad sheachnadh
air sgàth mo chuid eagail is laigse
is iomairtean-diùltaidh,
'gam fhàgail fhìn 'nam bhogadanaich
ann am muir 'na drip;

Ach nuair a thàinig do chniadachadh orm gu caoimhneil a-
    rithist,
bha mi deiseil
airson stiùireach do làin-shuathaidh,
déigheil air do bheantainn;

Is ged is beag a tha an cuan agad ag éirigh orm a-nist,
bheir mi taing airson a' chuimhne bhòidhich agam dhiot

Is nuair a thig thu 'ugam leis a' ghaoith,
a tha 'gad ghléidheadh gu dlùth dhomh;

Is bheir mi ìomhaigh do chuim bhriagh 'am chom-sa,
agus d' aodann greadhnach a tha 'gam mhealladh;

Agus an dràsda fhéin,
dh' fhiach mi ri soitheach sùbailte a dhèanadh 'nam chluais,
gus do ghàireachdainn bhlàth dhomhainn,
àrd-fhuaimneach
muir m'a timcheall
a chumail,
a sheòladh 'nam chlaisneachd,
feadh na sìorraidheachd;

GRACE

I received another little piece of grace last night
when you appeared again
in my ever anxious mind;

And the words came to my mind;

"If you love something, set it free";

"If it returns to you, it is yours,
If not, then it never was";

After thinking of these words
I fell asleep again,
quietly, anxiously;

MY MOTHER'S HANDS

I looked at your hands

And then at my own

And I noticed
That we had the same hands;

Your soft, fine, steady hands
so quick to give hospitality and kindness,
to stranger, friend and those in need;

So compassionate to the world's pain and hurt,
hands that are moved by the suffering of the poor
and those who live without freedom;

And when I turned away,
From your hands that I received as an inheritance from you,
I clapped mine together with joy
And I thanked God for these hands;

GRÀS

Fhuair mi criomag ghràis a' raoir
Nuair a nochd thu a-staigh a-rithist
Air m' aigne iomagainich;

Is thàinig na faclan 'nam inntinn,

"Ma tha gaol agad air rudaigin
Fuasgail e";

"Ma thilleas e 'ugad, 's ann leats' a tha e,
Mura till, cha b' ann leats' a bha e 'riamh";

As deoghaidh smaointinn air na faclan seo,
Thuit mi 'rithist 'nam chadal
Gu ciùin, gu iomagaineach

LÀMHAN MO MHÀTHAR

Chuir mi sùil air na làmhan agad;

Is an uair sin
Air an fheadhainn a bh' agam

Agus thug mi 'n aire,
Gu robh an aon làmhan againn;

Do làmhan boga, mìn, stéimheil,
Luath gus fialaidheachd is caoimhneas a thairgsinn,
Do choigreach, do charaid agus do fheadhainn a tha ann an
    dìth;

Is cho ath-thruacanta do phian is chràdh an t-saoghail,
Làmhan air an gluasad le fulangas na bochdainn
Is na muinntir a tha beò gun saorsa;

Is nuair a thionndaidh mi mo shùil air falbh,
O na làmhan agad a fhuair mi mar oighreachd bhuat,
Bhuail mise na boisean agam ri chéile le aoibhneas
Agus thug mise taing do Dhia airson nan làmhan seo

BELATED LOVE

This belated love I am giving to you
is like the echo of my voice,
shouted out
on the edge of some cliff or other
near the lonesome ocean;

And this outcry comes and goes
around me ad finitum,
searching for a dwelling place or some rest
in order to be at peace from its longing;

And I go to the base of that cliff
and I try to catch that which I called out to you,
so that I will not lose one bit of the love I have for you,
belatedly appearing,
preserved in my heart,
for all eternity

GAOL NEO-THRÀTH

Tha an gaol neo-thràth seo a tha mi 'toirt dhut
coltach ri mactalla mo ghuth,
a chaidh 'éibheachd
air iomall sgùrr' air choireigin,
faisg air a' chuan aonranach;

Bidh a' ghairm seo 'falbh is a' tilleadh,
mu'm thimcheall a chaoidh,
a' lorg àite-còmhnaidh no foiseadh
airson 's gum bi i 'na thàmh
bho a déigh;

Is théid mi gu bonn an sgùrr' ud,
is fiachaidh mi ri beirid air na dh' éibh mi riut,
airson 's nach caill mi pioc dhen ghaol seo a th' agam dhut
a nochd neo-thràth
ach air a ghléidheadh 'nam chridhe
gu sìorruidh buan

BLESSED INSIGHT

After the love anew I gave to you
There came...

Anguish
Pain
Tears
Disquietude
Loss
Shame
Regret

Then after the love anew I gave to you
There came...

Hope
Joy
Peace
Warmth
Understanding
Compassion
Perception

And a blessed insight on destiny that cannot be explained;

GEUR-BHEACHD-BEANNACHAIDH

As deoghaidh a' ghaoil a thug mi dhut ás ùr
Thàinig...

Cràdh
Pian
Deòirean
Mì-shocair
Call
Nàire
Aithreachas

A' sin as deoghaidh a' ghaoil a thug mi dhut ás ùr
Thàinig...

Dòchas
Àgh
Sìth
Blàths
Tuigse
Truacantas
Léirsinn

Agus geur-bheachd-beannachaidh air an dàin agam nach
    gabh soillearachadh

IN A SNOWBANK

After the final farewell you gave me,

I am once again frozen in a snowbank;

As I was when I started down this road,
searching for you in the misted multi-paths of our history;

And though the frost-bite was bitter
when you turned your back to me,
a slow melting started;

Where the water and salt of the snows
fell on my cheeks,
frozen in disbelief
at your necessary departure;

PLACE NAME

When I looked again,
on the name of the place,
where you settled down,
a little while ago;

It came to me,
that it was a very fitting
and appropriate name;

Just like you,
Golden;

ANN AN CATHADH

As deoghaidh an t-soraidh mu dheireadh
a thug thu dhomh,

Tha mi a-rithist fìor reòite
ann an cathadh;

Mar a bha mi nuair a thòisich mi
sìos a' rathad seo
'gad lorg air ioma-shlighe ar n-eachdraidh
fo sgleò;

Is ged a bha a' smiorsnachadh biorach,
nuair a chuir thu do chùl rium,
thòisich leaghadh slaodach;

Far an do thuit uisge agus salainn an t-sneachda
air mo ghruaidhean,
a bha reòite
ann am mì-chreideamh
do shoraidh fheumail;

AINM-ÀITE

Nuair a chuir mi sùil ás ùr
air ainm an àite,
far an do shuidhich thu
bho chionn treis;

Thàinig e 'ugam
gura b' e ainm
glé fhreagarrach,
is iomchaidh
a bh' ann;

Coltach riut-fhéin,
Òr-bhuidhe;

UNITY

I lost a love,
Beautiful, brimming with life, gorgeous;

The love I gave you just recently

And how woundingly-beautiful and free the giving was
Yet so sad and pitiful
As anything in the world;

And I learned,
In a gentle, quiet way
That both of these could go together;

Love and sadness,

Gain and loss,

Like vinegar and oil,

With a bitter-sweet, rich taste the result

THE PURSUIT

Walking in the park
This evening

And there was a pigeon strutting
About in front of me

So beautiful, perky
Pecking about as is its nature;

And as hard as I tried
To run after it
To embrace it and keep it

Just as I attempted with you

I couldn't catch on to it for even two seconds;

AONACHD

Chaill mi gaol
Bòidheach, brìghmhor, greadhnach;

An gaol a thug mi dhut ás ùr o chionn ghoirid;

Is cho briagha-chràidhteach agus saor is bha an tabhairt
Ach cho brònach is truagh
Ri rud sam bith a tha 'san t-saoghal

Agus dh' ionnsaich mi,
Ann an dòigh mhacanta, chiùin,
Gu 's urrainn an dithist seo
'dol còmhla;

Gaol agus bròn

Buannachd agus call

Mar fhìon geur agus òla

Is blas milis-gheur, beartach an toradh;

A' RUAIG

A' coiseachd 'sa' pharc
Feasgar a bha seo

Is bha calman a' spaisdireachd
Mu'm choinneimh

Cho briagha, 'na brod,
A' dèanadh sgobaidh mar bu nòs dhi

Is cho doirbh 's a dh' fhiach mi
Ruith as a deoghaidh
Gus a glacadh is a gléidheadh

Dìreach mar a dh' fhiach mi leat-sa,

Cha b' urrainn dhomh beirid oirre fiù 's fad dà dhiog

BURNT

Ghost memories of the past
Often float about me
Holding me and keeping me
In the ice field of my memory;

And me so foolish stumbling
Looking around
For a torch
To melt these memories;

And every time I try to go close to them
I get burnt again
By the torch's flame
Burnt all the way down to its base

ASPERSORIUM

The love I have for you is like a priest,
that handles the holy water,
in the aspersorium

At every feast day of the Church
he shakes it at the congregation,
an image of God's love for them

Just as the love of my heart
sprays out
every morning
across time
to the place where you are,
an image of my love and blessing for you

AIR MO LOSGADH

Bidh bòcain cuimhneachaidh an àm' a chaidh seachad
a' flodradh mu'm chuairt gu tric
'gam ghlacadh 'gam ghléidheadh
ann am pàirc-deighe mo chuimhne

Is mise cho faoin 'nam thuisleadh
a' coimhead mu chuairt
airson lòchran-teas
gus na meomhraichean seo 'leaghadh

Is gach triop a dh' fhiachas mi ri dhol teann orra
théid mo losgadh a-rithist
le las an lòchrain-teas
a tha air a losgadh sìos gu 'bhonn

ASPERSORIUM

Tha an gaol agam ort coltach ri sagart
a tha 'làimhseachadh an uisge choisrisgte
anns an aspersorium

Aig gach Féill Mhór na h-Eaglaise,
bidh e 'ga chrathadh
air a' choithional;

Samhla beannachadh Dhé orra;

Dìreach mar a tha gaol mo chridhe
a' frasadh a-mach,
a h-uile maduinn,
thar na h-ùine,
dhan àite far a bheil thu;

Samhla mo bheannachaidh is mo ghaoil ort

Note from the Author

For thousands of Nova Scotians, the Gaelic language and its attendant culture are birthrights. Indeed, whether spoken or not, life in this province is infused with Gaelic influences. At one time, it was so prevalent in Nova Scotia that it was the province's second most widely spoken language. In the 1901 Canadian census, 50,000 Nova Scotians specified Gaelic as their mother tongue. The areas in which the language was spoken included communities in Cumberland, Colchester, Pictou, Antigonish and Guysborough counties and Cape Breton Island. Today, under threat of complete disappearance, the number of Gaelic speakers is much, much smaller. However, Gaelic expression remains an everyday aspect of life in Nova Scotia communities.

More recent modes of communication have brought with them new opportunities for Gaelic, and for the Gael. Gaelic Nova Scotia has now become more accessible; people from all walks of life, all corners and from a variety of perspectives seek contact that holds meaning and they desire a restoration of seemingly broken connections. Conversations among Gaels and those interested in Gaelic language and its attendant culture, are greatly enabled by technology and new methods related to language acquisition. Indeed, there exists now the possibility to awaken here that which has been in large measure dormant for so long.

Many have been actively engaged in preserving the Gaelic language in its native Nova Scotia context. A great deal of material has been recorded, archived, published, studied and made available for interpretation. This book honours the tradition-bearers past present and those who have painstakingly recorded and archived the invaluable contribution they have made. Having benefitted from that dedication and tradition—and on a personal level, as someone who grew up in a household where over the past twenty-

Beachdan o 'n Ùghdar

Tha eachdraidh làthaireachd na Gàidhlig 'sa' roinn
againn fada. Agus tha adhbharan dol sìos na cànain co-
fhillte. Ach ge bi an eachdraidh agus na h-adhbharan,
tha coimhearsnachd Ghàidhealach ann an Albainn
Nuaidh 'sa' là an diugh a tha 'dèanadh oidhirpean móra
gus cànain agus dualchas nan Gàidheal a chumail suas.

A bharrachd air na stòrais chànain agus an
dualchais aice, 's e Alba Nuadh an t-àite mu dheireadh
taobh a-muigh na h-Albann far a gheobhar a' Ghàidhlig
mar chànain a tha 'na pàirt de bheatha làitheil nan
coimhearsnachdan. Mar sin tha ceangal soilleir againn
ri Alba, ach cuideachd, ris na roinntean far a gheobhar
cànainean agus dualchais nan Gàidheal: Éirinn agus
Eilean Mhanainn. Tha a' suidheachadh àraid seo 'gar
toirt a-staigh do theaghlach Gàidhlig eadar-nàiseanta.

Tha a' leabhar seo airson nan Gàidheal, beò
is marbh, o 'n a dh' ionnsaich mi móran, luchd-
ionnsachaidh na cànain a tha dìleas agus dìcheallach,
an fheadhainn a rinn reacòrdaidhean nan seann
Gàidheal agus an fheadhainn a tha 'sàs ann am
prògraman agus iomairtean a tha 'brosnachadh agus
'cur na Gàidhlig air adhart air feadh na roinne.

Ged a tha iomadach bàrd Gàidhlig air a bhith againn
ann an Albainn Nuaidh, cha do nochd leabhar bàrdachd
fhathast le cuspairean a bhuineas dhan bheatha ann
an Albainn Nuaidh 'sa' là an diugh. Chaidh na dàin
seo 'dhèanadh 'sna beagan bhliadhnaichean a chaidh
seachad agus a bharrachd air cuspairean nan dàn,
tha mi 'n dòchas gu' faighear blas Gàidhealach na
h-Albann Nuaidh unnta. Chaidh an eadar-theangachadh
gus am biodh cothrom aig an fheadhainn aig nach
eil a' Ghàidhlig an leughadh is blas beag saoghal nan
Gàidheal 'fhaighinn.

plus years it has been evident in daily living—Gaelic can be viewed as a living language, not a relic of a romanticized community of the past.

Both living and deceased Nova Scotia Gaelic poets have added to the store of Gaelic literature in this province, and some of these offer a contemporary perspective, but to date, no complete volume has been created and provided to a wider public audience.

Thus, Famhair is a Gaelic Nova Scotia book of contemporary poetry spanning the cultural landscapes of Cape Breton, the eastern Nova Scotia mainland, the Halifax community and the broader collective consciousness of Nova Scotians. Herein, we consider ourselves within the confines of our own province and in the wider, diverse, multi-ethnic, North American reality and beyond and in our connections to our sister Gaelic regions: Scotland, Ireland and the Isle of Man.

Poetry is a humble attempt to express in a personal way what it means to have been raised and to live in contemporary Nova Scotia society. Politics, religion, minority language issues, appreciation of diversity, social inequities, love, loss and mortality: these are my perspectives, and they come from my sense of life as a Nova Scotian and as a Gael.

It is my sincere hope that you will enjoy this book.

Lewis MacKinnon

Tha mi ann fìor dhòchas gun còrd a' leabhar seo ribh agus gu' faigh sibh tlachd ann.

Lodaidh MacFhionghain

about the author

Lewis MacKinnon was born in Inverness, Cape Breton to a
Gaelic-speaking father and a French Acadian mother. He was
raised on the Nova Scotia mainland in Antigonish County.
Educated in English, throughout his personal, academic and
professional activities, Lewis has maintained an interest
in his Gaelic roots. He is a graduate of St. Francis Xavier
University's Celtic Studies program, a Gaelic language
instructor and a past president of Còmhairle na Gàidhlig, the
Gaelic Council of Nova Scotia. He is also a musician, playing
in the East Coast band, Jug In Hand as well as releasing an
all-Gaelic CD, titled *A' Seo* in 2006. Lewis acted as a policy
advisor to the Nova Scotia Minister responsible for Gaelic
Initiatives and is now CEO of the Office of Gaelic Affairs.

He is a contributor to *Mac-Talla*, an annual Gaelic news
feature of *Shunpiking* magazine, and his poetry has been
published there, as well as in *An Guth*, an annual anthology
featuring contemporary Gaelic poetry from Scotland, Ireland
and the Isle of Man.

Lewis works on Gaelic initiatives throughout the province.

mu dhéidhinn an ùghdair

Rugadh Lodaidh MacFhionghain 'san t-Sìthean, Ceap Breatuinn, do athair aig a bheil a' Ghàidhlig agus do mhàthair a tha 'na h-Acaidhtidheanachd is aig a bheil a' Fhraingis. Chaidh a thogail air tìr-mór na h-Albann Nuaidh ann a' Siorramachd Antaiginis. Foghlumaichte 'sa' Bheurla, ré nan gnìomhan pearsanta, acadaimigeach agus dreuchdail aige, chùm Lodaidh sùim 'san t-sinnsearachd Ghàidhealaich aige. Tha e air ceumnachadh a dhèanadh 'sa' phrógram Litreachas Cheilteach aig Oilthigh Naoimh Fhransaidh Xavier, tha e 'na fhear-teagaisg na Gàidhlig, agus bha e 'na cheannard do Chomhairle na Gàidhlig. 'S e fear-ciùil a th' ann cuideachd, a' cluich 'sa' chòmhlan an Taobh An Ear, Pige 'sa' Làimh, agus a' cur 'na sheòladh cuideachd clàr-ciùil 'sa' Ghàidhlig, leis an tiotal, *A' Seo* 'sa' bhliadhna 2006.

Bha Lodaidh 'na fhear-còmhairleachaidh dhan Mhinistear a bha 'toirt dleasdanais do dh' Iomairtean na Gàidhlig agus a-nist tha e 'na Fhear-Stiùiridh do dh' Oifis Iomairtean na Gàidhlig.

Tha e 'na fhear-pàirteachaidh do *MhacTalla*, pàipear-naidheachd bliadhnail a gheobhar a' lùib na h-iris *Shunpiking*, agus chaidh a bhàrdachd a chur ann an clò a' sin, cho math ris a' *Ghuth*, cruinneachadh bliadhnail a' comharrachadh bàrdachd Ghàidhlig ás Albainn, Éirinn agus Eilean Mhanainn 'sa' là an diugh.

Tha Lodaidh ag obair air sgàth na Gàidhlig air feadh na mór-roinne.